초등공부 수학문해력 하나로 끝난다

초등학교 4학년,
수포자가 되는 이유

초등공부
수학문해력
하나로 끝난다

김은정 지음

굿인포메이션

프롤로그

아이들이 운동장에서 놀지 않은 지 오래다.

아이들은 모두 어디로 갔을까?

언제부터인가 아이들에게 질문을 할 때면 항상 같은 답변을 듣는다.

"준비물 왜 안 챙겨왔어?", "학원가서 시간이 없었어요."

"어제 내 준 과제는 했니?", "아니오, 학원가서 못했어요."

"오늘 잠깐 이야기하고 갈까?", "학원가야 해서 시간이 없어요."

아이들과 학원은 떼려야 뗄 수 없는 관계가 되었다. 그리고 학교만큼이나 많은 시간을 보내지만 정작 아이들의 학업 수준이 올랐다고 느껴지지 않는다. 오히려 아이들의 수준이 낮아진 것처럼 느껴지는 것은 무슨 이유일까?

인공지능시대가 펼쳐지고 있다.

ChatGPT4.0이 공개되면서 AI가 우리 생활을 바꿀 것이라고 한다. 물론 교육도 변할 것이라고 한다. 어떤 이는 인간의 직업 대부분이 사라질 것이라 하고 어떤 이는 앞으로 인간은 사고하는 것조차도 하지 않을 날이 올 것이라고 한다. 인공지능기술의 발전 속에서도 수학은 더욱 중요시되고 있다. 이런 미래를 살아가야 하는 우리 아이들에게 필요한 것은 무엇일까?

이런 고민에서 이 책을 쓰고자 했다.

공부에 왕도는 없다. 특히 수학에는 더 왕도가 없다. 다만 수학을 잘할 수 있는 도구와 순서는 있다고 생각한다. 그리고 어떤 일을 할 때 도구가 좋으면 일이 훨씬 좋고 즐겁기까지 하다. 예를 들어 요리를 한다고 할 때 좋은 칼이 있으면 덜 힘들게 재료를 썰 수 있고, 레시피 순서대로 요리를 하면 똥손이라도 그럴듯한 요리를 만들 수 있다. 수학 공부도 마찬가지이다.

수학공부에서도 수학을 도와주는 도구가 있고, 순서대로 하면 최소한의 기본 능력을 갖추게 된다. 특히, 초등학교에서는 공부의 기본능력을 익히기 때문에 초등수학의 기본기가 무엇보다 중요하다. 그 도구가 문해력이고 그 순서가 단계적 학습이다.

AI시대가 되면 수학을 하지 않아도 되는 세상이 올 수 있다고 생각할 지도 모른다. 만약 AI가 주인노릇을 하면서 우리 아이들이 종속되어 일 한다면? 아니면 우리 아이들이 주인이 되어 AI를 잘 활용한다면? 부모님들은 어떤 모습을 기대할까? 당연히 AI시대에도 우리 아이들이 주인으로 살기를 바랄 것이다. 이것이 수학을 공부해야 하는 이유다.

수학이 단순히 좋은 성적을 받아 원하는 대학에 가는 도구가 아닌 우리 아이들의 합리적, 논리적, 창의적 생각을 만드는 바탕이 되어야 한다. 그래서 끝까지 포기하지 않게 도와주어야 한다. 이 책이 조금이나마 도움이 되었으면 한다.

목차

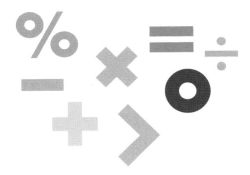

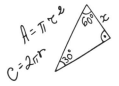

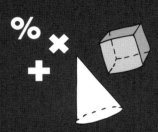

Part 1

왜 수학은 어려울까?

초등학교 4학년, 수포자가 되는 이유

몇 년 전 4학년을 맡았을 때의 일이다. 1학기 중간을 넘긴쯤이었다. 평소처럼 매일 하는 학습지를 학생들에게 풀게 하고 거둘 때였다. 한 아이가 말할 것이 있는 표정으로 주위를 서성이더니 학습지를 제출하면서 한 마디를 툭 던졌다.

"선생님, 저는 수학을 포기했어요."

그 아이는 그 말을 남긴 채 멀리 달려갔다. 다른 일을 하다가 들은 말이라 그 소리는 그냥 흘러갔지만, 그 아이의 표정과 그 말의 의미를 생각하니 마음이 몹시 안 좋았다. 생각도 많아졌다.

'초등학교 4학년이 수포자라니.'

'아직 수학 공부를 제대로 시작도 안했는데…'

'뉴스에서 들어본 수포자라는 말을 초등학교, 그것도 4학년에게서 듣다니…'

이런 생각이 계속되다가 또 다른 생각이 떠올랐다.

'왜 수학을 포기한다고 했을까?'

'수학은 정말 어려운 걸까?'

나는 우선 그 아이를 기준으로 그 아이가 수학을 포기할 만한 이유를 찾아보았다. 물론 그 아이에게 묻는 게 가장 확실하겠지만, 보통 아이들은 "몰라요" 내지 "그냥 어려워요"가 대답의 대부분이다. 나는 이런 이유에 주목했다.

첫째, 그 아이는 최상위 수준의 수학 실력의 아이는 아니지만 중간 이상의 수학 실력을 가진 아이다. 언제든지 수학을 포기할 수 있는 여지가 있다는 뜻이다.

둘째, 그 아이는 공부방을 다니면서 수학 문제를 열심히 푼 아이다. 문제 푸는 기계처럼 끊임없이 문제풀기를 강요받았을지 모른다. 문제를 풀다가 지쳤을 수 있다.

셋째, 그 아이는 계산문제는 잘 푸는데 서술형 문제는 꼭 한 문제 이상 틀리는 아이다. 열심히 했는데 결과가 안 나오면 힘들다.

넷째, 그 아이는 수학에서 자신이 무엇을 모르는지 잘 모르는 아이다. 잘 모르기 때문에 똑같은 실수를 반복한다.

다섯째, 그 아이는 글을 읽고 이해하는 능력이 보통이거나 낮다. 줄글의 책을 읽기보다 학습만화를 더 좋아한다. 요즘은 모든 아이들이 그렇지만 점점 더 심해지는 경향이 있다.

여섯째, 어휘의 수준이 4학년 수준보다 낮고, 수학에서 알게 된 내용을 자신의 말로 표현하는 능력도 낮다. 새로운 단어에 대한 호기심도 낮고, 수학에 대한 태도도 수동적이다.

그 아이의 말을 처음 들었을 때는 학부모로서, 교사로서 그냥 마음이 불편했다. 혹시라도 그 아이가 나에게 상담해 온다면 도움을 주고 싶어 이유를 찾아보았다. 수학을 포기하겠다고 생각할 만큼 어려운 이유가 있다는 생각이 든다. 이것은 이 아이만의 문제가 아니다. 이 아이처럼 얘기하는 아이보다 하지 않는 아이가 더 많다.

가끔 초등학교 1~2학년을 대상으로 무슨 과목이 가장 좋냐는 질문을 할 때가 있다. 그때 아이들은 꼭 수학을 좋아하는 과목이라고 답한다. 2~3년 후 다시 같은 질문을 하면 제일 좋아하는 과목은 체육이고 제일 싫어하는 과목으로 수학을 이야기한다. 왜 몇 년새 수학이 좋아했던 과목에서 제일 싫어하는 과목으로 바뀌게 되었을까?

1~2학년 때 수학은 우선 너무 재미있다. 왜냐고? 책에 우스갯소리가 나오냐고? 아니다. 내가 너무 잘해서 다 맞추니까 재미있다. 신난다. 계속하고 싶다. 그리고 손가락셈을 해도 제시간에 하고 심지어 답도 정답이어서 항상 백점이다.

3학년. 아직 수학을 해볼 만하다. 재미있기도 하고, 백점도 대부분이다. 문제는 4학년부터다.

4학년. 첫 시간이 큰 수이다. 내가 아는 수 단위가 겨우 천 원, 만 원의 천, 만인데… 조 단위까지 알아야 되다니 아이쿠 머리가 아프다. 그래서 손가락셈으로는 어림도 없다. 곱셈구구를 열심히 했지만 나눗셈을 도통 어떻게 하는지 모르겠다. 나눗셈이 이해가 안 돼 수학이 어려워 점점 싫어지기 시작한다. 수학을 안 하면 안 되나? 근데 엄마는 4학년 수학부터 중요하다고 학원을 더 열심히 다녀야 한다고 한다.

5학년. 심기일전해서 이제 분수와 소수를 열심히 해야 한다. 학원에서 배운 공식을 적용하니 꽤 잘 풀리는데… 그런데 담임 선생님께서는 왜 개념 이야기만 계속하고 계시지? 라는 생각을 한다.

6학년! 5학년 때 푼 분수와 소수는 이제 꽤 익숙하다. 근데 넓이, 길이, 둘레 구하는 것은 너무 싫다. 곱셈을 하니 숫자가 크고, 나눗셈을 하니 소수점 몇째 자리까지 해야 한다는 건지. "제발 계산기를 사용하게 해주세요"라고 한다.

20년 가까이, 1학년부터 6학년까지 지켜본 아이들의 모습이다. 이런 모습에서 4학년 수포자 이야기가 나올 만한 이유를 발견할 수 있었다.

4학년이 되면 생활에서 익숙하게 사용하는 숫자 단위가 달라진다. 아이들의 생활 속에서 익숙한 것이 아니니 감도 없고 어려움을 느낀다. 또 손가락셈, 구체물을 이용한 계산에서 머리에서만 그 큰 수를 해결하려고 하니 머리에 두통이 온다. 그리고 4학년 학생들이 가장 힘들어하는 것이 나눗셈이다. 이미 학창시절을 거친 부모님들은 그것이 왜 어려워? 할 수 있지만, 아이들에게는 너무너무 큰 산이다. 그 원리가 이해될 때까지 외워서 푸는 아이, 대충 감 잡아서 맞추는 아이, 학원에서 계산 방법을 익혀서 푸는 아이들이 대부분이다. 개념은 생각도 못한다. 아니 안 하고 싶다. 이런 생각을 가진 학생들이 대부분이다.

나는 1학년부터 6학년까지 소리 내어 글을 읽어보는 활동을 자주 한다. 아이들의 문장 이해력을 아는 데 도움이 되기 때문에 아이들을 이해하고 파악하는 활동으로 자주 한다.

2021년도의 일이다. 수학 학습부진아를 맡아 방과 후 수업을 한 적이 있다. 4학년 학생이었는데 학습부진아니까 수학 성적이 좋지 않은 것은 당연하다. 수업을 진행하는 동안 수학 관련 이야기를 많이 하고, 모르는 부분을 설명해 주면서 문제를 풀렸다. 보충학습이 거의 끝날 무렵 하루는 시간이 좀 남아서 그 교실에 있는 책을 읽으라고 했다.

그날도 아이를 이해하고 싶어서 동화책 몇 쪽을 소리 내어 읽혔다. 충격이었다. 책을 바르게 읽지 못하는 것은 물론 당연히 그 책의 이야기를 이해하는 것도 어려워했다. 다시 한번 글을 읽고 이해하는 능력(문해력)이 얼마나 중요한

지 실감한 날이다. 그래서 그 아이는 내가 설명해 주는 수학 수업내용을 이해하지 못하고, 풀지도 못했구나! 새삼 느끼면서 그 아이에게 수학 문제를 조금 더 풀게 하는 것보다 책을 읽고 이해하도록 하는 활동을 더 해줄걸 하는 아쉬움이 남았다.

모든 일에 그렇듯이 포기하고, 하지 않을 이유는 정말 많다. 그러나 일 자체보다 주변 환경이, 시스템이 문제이면 주변에서 적극적으로 포기하지 않도록 도와주어야 된다. 나는 초등학교 4학년이 수포자가 되는 것은 그 아이들의 문제라기보다 주변 환경과 시스템의 문제라고 생각한다. 앞의 사례에서 보듯이 초등학교 4학년 아이들은 도움을 절실히 기다리고 있다.

초등학교 4학년 아이들이 수포자가 되는 이유는 충분히 있었다. 줄글로 된 책보다 학습만화를 많이 읽는 상황에서 문장을 이해하는 능력이 부족하다. 문제만 풀도록 훈련되어 스스로 생각하기를 멈추고 하지 않는다. 자신의 학습방법을 점검하지 않고 학원에만 의존하는 항상 시간이 없는 생활을 한다. 모르는 문제를 만나면 시간이 걸려도 다양한 방법으로 이해하려는 시도보다 빨리 해결할 수 있는 쉬운 방법을 찾으려 한다. 또한 지속적으로 더 어린 나이에 선행 학습이 시작된다. 이런 주변의 환경과 시스템의 결과물이 아닐까 생각해 본다.

인공지능 시대가 왔다고, 기술이 더 발전되어가고 있다고 하면서 수학의 중요성을 더욱더 강조하고 있다. 미래 우리 아이의 생존을 위해서 초등학교 4학년 수포자의 현실은 피해야 되지 않을까? 그리고 적어도 초등학교만이라도 수학을 좋아하는 과목이 되도록 도와주어야 하지 않을까?

잘못된 수학 공부법이 독이다

요즘 부모님들은 아이들의 공부에 관심이 더 많다. 조금 더 일찍, 조금 더 체계적으로 시키면 내 아이의 성적이 높아지지 않을까? 고등학교 내신에서, 수능에서 더 유리하지 않을까를 생각하고 계시는 것 같다.

나도 항상 관심을 두고 있어 온라인 서점에 다른 책을 사러 들어갔다가도 공부 관련 책이 보이면 살펴본다. 어느 날 우연히 눈에 들어온 엄마표 수학 공부에 대한 책을 보다가 많이 놀랐다. 왜냐하면 유치원 때부터 수학을 학습시키는 방법과 관련 학습지가 함께 나와 있어서다. 그 학습지를 대강 살펴보면 많은 그림과 연산이 적절하게 섞여 있어서 아이들에게 굉장한 호기심과 함께 좋아할 것이라고 생각하겠지만 그건 그냥 분명한 학습지일 뿐이다.

어린이집, 유치원에 아이를 맡기러 가면 몇 년 몇 월생인지 꼭 묻는다. 몇 년생인지 묻는 것은 나이를 알아보려고 하는 것이지만 왜 몇 월생인지까지 묻는지 한 번씩 의문이 들 때가 있지 않았는가? 유아기에는 1개월의 차이도 인정을 하면서 돌본다. 유아기를 거쳐 초등 저학년까지 초등학교는 발달단계가 많이 중요하기 때문이다. 즉, 수학교육도 발달단계에 따른 학습이 필요한 이유이다.

내가 배웠던 교육학 이론과 실제 교실에서 아이들의 발달단계에서는 학습지를 이용하는 것이 특별한 예외적인 경우를 제외하면 적절하지 않다고 알고 있다. 그런데 초등학교 입학 전부터 발단단계에 따른 학습이 이루어지지 않고 있어서 안타까운 마음이 들었다. 이런 발달단계에 맞지 않는 교육이 이루어지면 당장은 표가 나지 않는다. 그러나 학년이 올라갈수록 아이들의 수준과 태도에서 무언가 잘못되었다는 것을 직감할 것이다. 그러면서 그 원인을 몰라서 사교육에 더 목매는 일이 생길 수도 있다.

인간은 특별한 천재적인 인간 이외는 생물학적 발달단계를 무시할 수 없다. 그 시기에 해야 될 일들을 반드시 그리고 충분히 하고 단계를 올라가야 충분한 자기 역량을 발휘한다. 또한 감정적으로도 충족감을 느껴서 더 위에 단계에 집중할 수 있다.

손가락셈에 대한 이야기를 잠깐 하자면 유아기나 초등학교 저학년 때 주변에 있는 다양한 도구로 충분히 수를 익히는 놀이를 했다면 손가락을 이용하는 기간이 줄어든다. 구체적인 도구로 충분히 수를 다루어봤기 때문에 추상화가 잘 되는 것이다. 그리고 셈을 하는 시간도 줄어든다. 부모님 입장에서는 아이들이 빨리 추상화를 하는 것이 좋다고 생각하겠지만, 아이들 입장에서는 자신의 머릿속에 추상화시키기 위한 직접적이고 많은 도구들, 예를 들어 사탕, 과자, 장난감 등을 이용해서 수를 다루어야 한다.

초등학교 저학년, 아니 3~4학년까지도 구체물로 수와 연산을 이해하고 그것을 추상화시키거나 형식화시키는 활동을 하고 있다. 실제 교실에서는 그 활동도 모든 아이들이 충분히, 쉽게 되지 않는다. 그럼에도 불구하고 초등학교 입학 전부터 학습지로 문제를 풀고 있다. 실제 하고 있는 아이들의 이해 수준이 무척 궁금하다.

아이들이 문제집을 풀고 있는 모습을 본 적이 있는가?

몇 해전 교실에서의 일이다. 수학 성적이 중간 정도인 아이가 매 쉬는 시간마다 뭔가를 열심히 해서 물었다.

"너는 쉬는 시간에 뭘 그렇게 열심히 하니?"
"수학 문제집 풀어요."
"진짜 열심히 하네."
"공부방에서 풀어오라고 해서 하는 거예요."
"그러니? 열심히 해서 가라."
"예…"

그리고 그 아이의 문제집을 보았다. 문제를 푸는 활동보다 별표와 세모 표시를 열심히 하고 있었다. 다시 물어보았다.

"이건 무슨 표시인데 그렇게 열심히 하니? 공부방 선생님께서 중요하다고 하신 거니?"

"아니요. 별표는 정말 몰라서 표시한 거고, 세모 표시는 알기는 알겠는데 정답을 못 맞춰서 하는 거예요. 다른 아이들도 다 그렇게 해요"라고 답했다.

그 아이의 모습을 보면서 다른 아이들도 비슷할 거라 짐작을 했다. 왜냐하면 수학 익힘책 풀어올 때 아이들이 자주 하는 모습이기 때문이다.

　나는 수학 공부를 이렇게 하는 아이들을 보면서 수학을 공부하는 방법이 무언가 단단히 잘못되어 있구나를 생각하게 된다. 왜 우리 아이들은 과거의 아이들보다 문제집을 더 많이 푸는데도, 사교육을 더 받는데도 수학을 어려워하고 잘 하지 못할까? 분명 공부하는 방법이 잘못되었는데도 고치거나 바꾸려는 시도를 하지 않고 있다. 아니면 내 주변에서 내가 목격하지 못한 것일지도 모르지만 공부 방법에 대해서 아이들과 진지하게 대화해 볼 필요가 분명히 있다.

　교실에서 연산 수업을 할 때 몇 배 힘들 때가 있다. 벌써 엄마와 함께 하든, 공부방에서 하든 선행을 한 아이들은 지금의 수업에는 관심이 없다. 빨리 문제를 풀고 싶어서… 관심과 연필이 문제에 가 있다. 그러면 겨우 집중을 시켜 개념을 설명하면 듣는 둥 마는 둥 한다.

　"활동 3번 문제 풀어도 되나요?"
　"수학 익힘책은 언제 풀어요?"
　"다 배웠어요."

엉뚱한 대답을 하고 오로지 문제를 많이 푸는 데만 집중할 뿐이다. 나는 정말 아이들이 제대로 이해한 것일까 궁금해서 질문을 한다. 선생님이 설명한 내용을 이야기해 보라고 하거나 그 연산에서 꼭 익혀야 될 개념을 아이들에게 자신의 말로 표현해 보도록 하면 할 수 있는 아이는 손에 꼽을 정도이다.

'왜 우리 아이들은 초등학교부터 문제 푸는 데만 집중할까?'

아마 제일 큰 건 수능의 영향이지 않을까 생각한다. 학원이나 공부방 등 여러 경로를 통해 수능 수학은 짧은 시간 안에 많은 문제를 빨리 풀어야 좋은 성적을 받을 수 있고, 그래야 자신이 원하는 좋은 대학에 갈 수 있다고 세뇌가 된 것 같다.

그럼 진짜 수학은 문제를 많이 풀어야 잘 풀고, 좋은 성적이 나올까? 여기에 대한 답은 그렇다 일 수도 있고, 아닐 수도 있다. 이렇게 답하면 많이 푸는 것이 좋은 것이 맞다고 생각할 것이다. 그러나 수학의 본질을 생각한다면 수학은 문제를 많이 푸는 학문이 아니라는 것이다. 수학을 하는 이유는 생각과 사고를 하기 위해서이다. 좀 더 합리적이고 높은 역량의 사고를 하기 위해서 수학을 활용하는 것이다. 너무 원론적인 이야기인가? 아니다.

수학적 사고는 우리 삶에서 우리가 좀 더 나은 선택을 하기 위해 도움을 준다. 다만 우리가 느끼지 못할 뿐이다. 예를 들어 부산에서 서울까지 가는 방법은 여러 가지가 있지만, '나는 고속열차를 이용해서 갈 거야'로 선택했다면 그 선택을 하기까지 머릿속에는 가장 빨리 가는 것은 어떻게 가는 것인지 비행기로는 약 3시간, 자동차로는 5시간, 고속열차로는 2시간⋯ 그럼 고속열차가 가장 빠르니까 고속열차를 타야 되겠다라는 일상생활에서도 수학적 사고는 계속되고 있는 것이다.

물론 수학을 해야 하는 이유는 더 많다. 그러나 대부분의 모든 사람은 수학적 사고를 위해 수학을 하는 것이다. 절대 아이들을 문제 푸는 기계로 만들기 위해서 하는 것이 아니다. 생각 없이 문제를 많이 푸는 것은 아이들의 사고력 계발에 도움이 되지 않을뿐더러 아이들이 수학을 싫어하게 되는 원인을 제공하고 있는 것이다. 부모님들은 수학적 생각을 하는 과정이 눈으로 보이는 것이 아니기 때문에 문제 푸는 양으로 내 아이가 수학 공부를 열심히 했구나를 확인하고 싶을지 모른다. 그러나 수학적 사고를 바탕에 둔 수학 문제풀이가 아니라면 그것은 그냥 빈 종이에 낙서하는 것과 같다.

앞에서 잠깐 이야기한 별표와 세모 표시를 하면서 내가 쉽게 풀 수 있는 문제를 푸는 것 또한 수학적 사고력을 기르는 데 도움이 안 된다는 것이다. 수학적 사고력은 문제해결능력이다. 부모님들은 내 아이가 인생에서 마주치는 모든 문제에 대해 쉽고 좋은 방향으로 해결하기를 원하지 않는가?

황농문의 저서 〈몰입〉에서 저자는 미분에 대해 전혀 배우지 않은 중학생들이 뉴턴이 고민하던 문제를 생각만으로 풀어냈다는 것에 대해서 타고난 재능보다 고도의 집중을 통한 몰입적 사고가 문제 해결에 더 큰 작용을 한다는 것을 증명해 준다고 했다. 즉, 수학은 많은 양의 문제 풀이 중심이 아니라 몰입과 같은 수학적 생각에 바탕을 둔 수학 공부가 성적에서도 큰 작용을 한다는 것을 이해했으면 한다.

수학이 어려운 데는 그만한 이유가 있다. 그 원인 중에 하나가 잘못된 수학 공부법일 것이다. 너무 일찍 수학을 시작하면서 발달단계에도 맞지 않는 방법으로 시작하게 된다면 초등학교에서부터 수포자가 나타나게 될 수도 있다. 또한 자신의 계획과 자신에 맞는 수학 공부법에 대한 앎이 없이 다른 사람의 도움으로 공부하는 수학은 항상 위태위태하다. 그러면 수학에 대해서 아이들은 불안감을 가지게 될 것이다. 그리고 수학을 근본적인 생각 없이 문제풀이에만 올인한다면 수학을 싫어하는 원인을 제공할 수 있다.

부모님들의 마음속에는 내 아이가 수학을 잘하면 좋겠다는 마음과 더불어 수학을 좋아하면 얼마나 좋을까, 수학을 편안한 마음으로 받아들이면 좋겠다라는 마음도 함께 있을 것이라 생각한다.

초등수학은 암기수학이다?

5~6학년 수학시간은 의외로 평온하다. 개념 설명 후 아이들에게 개념을 이해하기 위한 문제를 풀라고 하면 정말 잘 푼다. 교실을 돌면서 아이들이 푸는 모습을 보면 아주 부진아가 아니면 모두 열심히 풀고, 답도 잘 찾는 것 같았다. 너무 잘 풀어서 내가 너무 잘 가르쳤나 오해를 할 정도이다.

이 정도면 조금 더 심화에 대한 이야기를 해도 될 것 같다. 그래서 개념 이야기를 다시 꺼내 확인을 해 본다. 개념에 대한 질문을 하면서 그 대답을 아이가 이해한 말로 풀어서 하라고 한다. 그러면 고개를 숙이고 나와 눈이 마주치지 않기를 바라며 누가 대신 대답해 주기를 기다리고 있다.

그래서 "너희들 방금 문제를 풀지 않았니? 답을 잘 찾은 것 같은데?"라고 묻는다. 그럼 아이들은 "공식으로 풀었어요. 그러면 금방 풀려요", "학원에서 공식을 이용하라고 하던데요"라고 대답한다. 고학년으로 갈수록 개념과 함께 공식이라 불리는 형식화된 계산 방법이 많이 등장한다.

초등학교 수학의 단위시간 수업과정은 이러하다. 생활 속 장면에서 배울 내용에 대한 도입이 이루어지면 그 구체적인 사례를 통해 계산을 한다. 계산하면서 얻어진 수학적 개념을 설명하고 일반화를 시켜서 공식을 도출한다. 그리고 그 개념을 적용한 문제와 그 공식을 적용한 문제를 푼다. 학교 선생님들이 가장 공들이고 많은 시간을 할애해서 가르치는 부분이 수학적 개념과 일반화 과정 즉, 공식을 도출하는 과정이다. 그러나 아이들은 그 과정을 힘들어하고 공식으로 쉽게 풀 수 있는 데 왜 어려운 과정을 알아야 하는지 설명해도 집중하는 아이는 소수이다. 특히, 선행을 많이 했거나 학원의 문제 풀이에 익숙한 아이들은 그런 모습이 조금 더 심하다. 아이들은 벌써부터 수학은 공식을 외워서 푸는 과목으로 이해하고 있는 것이다.

초등학교 수학은 개념이 별로 없고, 몇 개의 공식을 암기하면 쉽게 풀 수 있다고 단단히 오해하는 모습이다. 공식에 대입해서 풀면 되는 것을 굳이 개념을 말하고, 지루한 과정을 설명하는지 알 수 없어한다. 초등수학은 정말 암기수학일까?

가끔 수학 관련 공부법 책을 보면 초등수학은 암기수학 정도로 이야기하는 것을 볼 때가 있다. 그 내용을 조금 살펴보면 초등수학은 수학적 사고력보다 언어 능력이 더 많이 좌우된다고 하고 수학 개념도 그냥 보면 알 수 있는 수준이라고 언급한다. 그리고 개인적 언급이었지만 초등수학 실력은 수학 실력이라기보다는 특별한 경우를 제외하고 그냥 눈치가 좀 빠르면 초등수학 성적을 잘 받기 때문에 진짜 실력일지는 더 지켜봐야 된다고 생각한다.

사실 이렇게 생각하는 것은 일부 수학선생님들만의 생각이 아니라 학부모님들 중에서도 그런 생각을 가진 분과 만날 때가 있다. 그래서 수학 문제집 몇 권으로 선행을 하면서 빨리 끝내고 중등수학을 선행시켜야 된다고 생각하고 계시는 것 같다. 초등수학이 암기수학으로 오해될 때 초등교사인 나는 마음이 불편하다.

왜 초등수학은 암기수학이라는 오해를 받을까? 수학 시간에 개념을 설명하고, 일반화 과정을 도출하고 나서 꼭 아이들에게 이야기한다. 수학도 암기할 부분이 있다고 말이다. 내가 아이들에게 암기할 부분이라고 이야기하는 것은 기호의 의미, 수학 용어, 수학에 사용되는 형식화 도구들이다. 수학은 고도의 상징성과 추상성을 가진 학문이다. 그런 수학을 처음 접하는 것이 초등학교이다. 그래서 수학에서의 기호, 용어, 규칙 등을 먼저 설명을 듣고 외우면서 시작하는 것이다. 다만 초등학교에서는 아이들의 발달단계에 맞게 기호, 약속, 규칙들을 쉽게 풀어서 설명할 뿐이다. 무엇이든 처음 시작할 때는 그것에 대한 규칙과 약속을 배우면서 외우고, 그 규칙과 약속에 따라 활동하지 않는가? 그리고 처음이라 외울 것들이 많다.

초등학교 학생들이 가장 좋아하는 활동인 피구 게임으로 예를 들어보면 피구를 하기 위해 규칙을 먼저 듣고, 외워서 경기를 관람하고, 실제 게임도 한다. 초등수학에서도 마찬가지이다. 수학이 처음이라 외우고 익혀야 될 내용들이 꽤 많다. 혹시 이런 부분을 두고 초등수학이 암기수학이라고 한다면 조금 오해가 있는 것이다.

초등학교 교육목표에 '초등학교 교육은 학생의 일상생활과 학습에 필요한 기본 습관 및 기초 능력을 기르고 바른 인성을 함양하는 데에 중점을 둔다'라고 되어 있다. 수학 과목에 적용시키면 초등수학에서는 중·고등 수학을 위한 기본 습관 및 기초 능력을 기르는 데 있다. 즉, 초등수학에서는 수학에 필요한 기호, 용어, 규칙 등에 대한 것을 반드시 이해하고 외워야 한다. 그렇지만 초등수학은 암기수학이 아니다. 초등수학이 암기수학으로 되어 버린 원인 중의 하나는 빨리빨리와 많이 때문일 수 있다. 특히, 사칙연산을 많이 다루는 초등수학은 더 그러하다.

일반적으로 초등학교 수학 시간은 수학 교과서를 중심으로 개념 설명, 예시 문제의 풀이 방법을 이해, 문제 풀이의 순서로 진행된다. 선생님들은 개념 설명과 예시 문제의 풀이를 통해 계산 방법의 형식화 과정을 이해시키기 위해 많은 시간과 노력을 들인다. 그러나 교실에서 아이들은 계산 방법을 외워서 문제를 빨리 풀려고 하고, 많이 풀려고 한다. 특히, 교과서의 연습문제와 수학 익힘책의 문제는 선생님의 설명과 이해를 확인하는 과정 중에도 빨리 풀어도 되는지 재촉하듯 묻는 아이들이 있다.

이렇게 빨리와 많이를 찾는 아이들에게 초등수학은 암기수학에 가깝다. 초등수학의 개념은 직관적이기 때문에 암기한 것만으로 이해되었다고 오해하기 딱 좋기 때문이다. 수학 개념이 아무리 직관적이어도 모든 아이들이 잘 이해했는지는 확인해야 한다.

그럼 아이들은 왜 이렇게 빨리와 많이를 원할까? 초등수학도 발달단계에 따른 충분한 이해와 사고가 필요하지만 중·고등 수학에 비해서는 별로 중요하지 않다는 인식이 있는 것 같다. 초등수학은 문제집을 많이 풀어 빨리 끝내버리고, 중요하고 시간도 많이 필요한 중·고등 수학에 더 힘을 쏟아야지 하는 마음이 아이들에게도 부모님들에게도 있는 것 같다. 이런 이유로 초등수학은 암기수학이라는 오해를 받는 것이다.

초등수학도 엄연한 수학이고, 수학의 과정을 거쳐야 한다. 그냥 계산 방법 같은 공식을 외워서 푸는 수학이 아니다. 개념을 이해하고, 그 개념이 적용된 문제를 이해하면서 스스로 생각하며 공부하는 과목이다. 초등수학의 개념이 직관적이더라도 수학이라는 학문을 처음 대하는 아이들은 초등수학에서 이해하고 외워야 할 개념, 기호, 용어, 규칙 등이 있다. 초등수학은 중·고등 수학의 기초 기본이 되는 수학이다. 결코 빨리, 많이 문제집을 푸는 것만으로는 그 기초를 탄탄하게 할 수 없다.

여름 방학 즈음 항상 주변에서 자주 듣는 이야기가 있다. 중학교 1학년인데 수학의 기본 용어, 기호의 의미, 수학 기본 개념을 몰라 초등학교 수학을 빠르게 다시 하고 중학교 수학 공부를 다시 시작 한다고. 내 아이가 이렇다면 어떻게 대처할 것인가?

선행학습을 빨리하면
수학 성적이 오를까?

매년 새 학년, 새 학기가 돼서 수학 시간이 되면 크게 3
가지 모습의 아이들을 발견하게 된다. 모두들 수학 과목이
라서 조금은 긴장한 모습에 잘하고 싶은 마음이 묻어난 얼
굴들이다.

첫째, 수학 선행학습을 1학기 이상해서 자신감에 넘치는
아이들이다. 이 아이들은 선생님의 개념 설명부터 자신감
있는 목소리로 대답하고 문제도 잘 풀면서 대부분 백 점을
받는 아이들이다.

둘째, 선행은 1단원 정도를 했으며, 6개월 이상 선행한
아이들에 비해 자신감은 없지만 선생님의 설명을 하나라도

놓치면 안되겠다고 열심히 듣고 답하는 아이들이다. 약간의 자신감이 부족하지만 진지하고 개념 설명 이후 연습문제는 조금 틀리는 아이들이다.

셋째, 수학에 관심이 없어 선행도 하지 않고, 선생님의 설명도 그냥 무심한 듯 듣고, 문제를 풀기는 하지만 답을 찾는 데는 그렇게 관심이 없는 아이들이다.

이 아이들의 진짜 수학 실력이 궁금하지 않은가? 각 차시별 수업에서의 연습문제와 수학 익힘책 문제는 수학 선행이 많이 된 아이들이 확실히 잘 풀고 답도 잘 찾는다. 그러나 이후 단원 끝날 때 치르는 '얼마나 알고 있나요?'와 '단원 평가'에서는 선행이 1단원 정도 되어 있는 아이들이 더 성적이 좋다. 처음 이런 결과가 나왔을 때는 교사인 나도 어떤 이유인지 궁금했다. 그러나 곧 다음 단원을 수업하면서 그 이유를 찾았다.

선행이 1단원 정도 앞서는 아이들은 자기가 공부한 것이 부족하다고 생각하여 선생님의 설명을 열심히 듣고, 집에서 배운 단원의 심화학습을 했다. 집중하는 학습태도와 자신의 수준을 알고 부족한 부분은 계속 공부하려는 노력을 하고 있는 것이다.

그러면 선행이 1학기 이상 앞선 아이들은 어떨까? 그중에 수학 공부에 대한 태도와 방법이 잘 된 아이들을 제외한 나머지 아이들은 이미 수업시간에 잘 알고 있다고 생각한다. 그래서 선생님의 설명을 흘려들을 뿐 아니라, 문제를 푸는 데만 집중하기 때문에 수학 성적은 항상 중상 정도이다. 선행을 빨리, 많이 하여도 공부하는 방법이 잘못되거나 심화가 안 된 아이들은 수학 성적이 크게 안 오른다. 수학 공부에서도 양보다 질이기 때문이다.

2023년 6월 19일 자 〈서울경제〉에서 '5세부터 초등 선행 … 중2 때 고등 심화 끝내기도'라는 기사에서는 다음과 같은 내용을 보도하고 있다.

'초등 의대반' 등 선행학습 열풍에 사교육 시장 규모가 역대 최고치를 찍었다. 이에 발맞춰 대형 입시학원들의 매출도 급성장하고 있다…(중략) … 실제로 학부모들 사이에서는 이제 막 걸음마를 뗀 아이들을 상대로 선행학습을 서두르는 분위기가 만연하다.

초등학교부터 선행학습이 많이 이루어짐을 알려주기도 하고 학부모들에게 선행을 하지 않으면 안된다는 불안감을 조성하는 뉴스이기도 하다. 교사인 나도 부모의 입장이면 이 뉴스를 접한 후 주변 엄마들의 이야기를 듣거나 학원에 상담을 할 것 같다.

그러나 제일 중요한 것은 내 아이의 수준이다. 내가 말하는 수준은 이해 수준, 문해력 수준, 공부 태도 수준, 끈기 수준 등등을 포함한 것이다. 선행학습은 특히, 수학은 빨리하고 많이 한다고 좋은 성적을 올릴 수 있는 것이 아니라 내 아이의 수준이 선행학습을 수용할 수 있는 여건이 맞을 때 좋은 성적을 올릴 수 있다.

나도 20년 전쯤부터 사교육에 진심인 동료 선생님으로부터 들은 이야기가 있다. '고등학교 입학하기 전인 중학생 때 고등학교 과정 커리큘럼을 적어도 세 번은 돌려야 한다'는 것이다. 그래서 초등학교 수학 선행은 많이 하고 빨리할수록 좋다고 했다. 나는 이런 선행학습과 관련된 이야기를 들으면 진심으로 궁금하다. 이렇게 선행한 아이들은 정말 성적이 올랐을까? 아니다라고 말하고 싶다. 그렇지 않다면 학교 현장은 수학을 잘 하는 아이들로 넘쳐 나야 되는데 중학교에서 들려오는 이야기도, 고등학교에서 들려오는 이야기도 심지어 초등학교에서도 수포자 이야기만 가득하다.

수학 선행학습은 일부 영재 아이들에게 도움이 되지만 모든 아이들에게 해당되는 것은 아니다. 영재 수업에서는 다양한 상황에서의 문제해결을 위해 필요한 선행학습이 있다. 그러나 보통의 일반 아이들은 수학의 계열성을 무시하는 무조건적인 선행학습은 수학이 어렵다는 생각만 가득 심어줄 뿐 실제 수학 성적 향상에 도움이 안 된다. 오히려 수학이 싫다는 마음을 가지게 된다면 안한 것만 못하다.

매년 반에서 1년 이상 굉장히 많은 수학 선행학습을 한 아이들을 1~2명은 본다. 이 아이들은 수학 선행학습을 꽤 자랑스러워하면서 나에게 이야기한다. 그러면 나는 그 아이들을 좀 더 자세히 관찰하는 기회를 가지게 된다.이 아이들의 수학 실력은 중상 정도로 수업 시간에 문제를 꽤 잘 풀고, 자신감도 있으며, 수업 시간에 선행학습한 내용을 자주 말한다. 선행학습은 부모님 주도로 이루어진다. 그러나 심화문제에서는 항상 틀리거나 약한 모습을 보인다. 이 아이는 왜 선행학습을 하는 걸까?

우리가 일반적으로 선행학습을 시키는 목적은 대체로 다

초등공부 수학문해력 하나로 끝난다

음과 같다. 미리 배워서 높은 성적을 기대할 수 있다. 학교 진도를 따라가기 쉬워지기 때문에 자신감을 가진다. 배워야 되는 내용을 미리 익혀서 실제 수업에서 좀 더 쉽게 배운다. 하위 영역의 내용보다 상위 영역의 내용을 배우면 좀 더 상위개념을 습득하고 그것을 공식화하여 공식으로 외워서 사용할 수 있다.

내가 관찰했던 선행을 많이 한 아이들은 선행학습을 시키는 목적에 크게 맞지 않는다. 수학에서 항상 높은 성적을 얻지도 않으며. 이 아이 정도면 그렇게 많은 선행학습을 하지 않아도 학교 진도도 충분히 따라오고, 자신감도 가질 수 있다. 공식을 완전히 외워서 사용하지도 않는다. 또한 선행학습에 쏟는 노력으로 현행 학습을 심화하면 충분히 좋은 성적을 올릴 수도 있다. 부모님들도 아셔야 한다. 빨리하는 수학 선행학습이 수학 성적을 올리는 것이 아니라는 것을, 초·중·고등학교 과정을 모두 거치고 나면 선행학습이 꼭 수학 성적을 올려 주지는 않는다는 것을 뒤늦게 확인하게 된다. 선행학습을 시키면서 아이들과의 감정적인 대립만 많았다는 것을 깨닫게 된다.

수학 선행학습은 양날의 검인 것 같다. 하지 않으면 불안하지만, 해도 크게 성적이 오르지 않는다. 또한, 당장의 성적을 올리는 것이 목적인지, 수학 실력 향상이 목적인지를 생각해 봐야 한다.

수학이 다른 과목보다 어려운 이유

수학 수업을 하다 보면 학년을 막론하고 참 어렵다. 선생님은 우리말로 말하고 있는데 아이들의 모습은 외국어를 듣는 듯한 모습과 표정을 하고 있기 때문이다. 초등학교는 발달단계에 따라 아이들에게 가르치는 모습이 참 다르다.

1학년은 한글을 안 떼고 입학하기 때문에 수학 시간에도 그림과 같은 다양한 시청각 자료와 구체물과 같은 직접 조작할 수 있는 도구가 필요하다. 그리고 선생님은 1학년과 같은 눈높이에서 1학년이 이해할 수 있는 낱말로 설명을 해야 한다. 그래서 수학 수업은 수학 개념조차도 1학년 아이들의 말로 바꿔서 표현하고 설명한다. 그렇지 않으면 1학년 아이들이 이해할 수 없기 때문이다. 설령 수학 개념을 말하는 1학년 아이가 있어도 그 개념을 이해한다기보다는 그냥 그 개념을 외워서 말하는 것 뿐이다.

2학년은 몇 명의 아이들을 제외하고 한글을 쓰는 것에 대한 부담감 없이 설명을 할 수 있다. 그러나 수학 수업은 1학년과 마찬가지로 다양한 시청각 자료와 조작 도구가 필요하다. 수학 개념도 약간의 수학 용어를 써서 설명할 수 있다. 그리고 새로운 수학 용어에 대해서는 굉장한 궁금증을 가지고 알고자 한다. 그렇지만 연습문제를 풀 때 그 지시문을 이해하지 못해 선생님께 설명을 요청하는 경우가 많다. 어휘 수준이 동화책을 읽을 때는 큰 어려움이 없지만 일상용어를 모두 이해하지 못하는 것이다. 그래서 수학 문제 자체보다 그 지시문과 문제를 설명한 글을 읽고 이해하지 못하는 경우가 많다.

3학년은 다양한 시청각 자료는 사용하지만 조작 도구는 다양한 구체물에서 수 막대 정도를 사용하는 수준이 된다. 수 막대를 이용하여 수식을 유추해 내는 과정이 시도된다. 수학의 추상화 과정이 시작되는 것이다. 수학 용어는 좀 더 쉽게 사용하지만, 서술형 문제는 같이 읽고 설명을 거쳐서 문제풀이를 하는 정도이다. 그렇지만 수학 용어는 3학년 아이들에게도 그 개념을 충분히 이해하기 어렵다.

4학년은 수 막대 정도의 구체물을 사용하고, 수 막대를 이용한 수식의 형식화가 계속 이루어진다. 또한 수학의 각 영역별 수학용어가 본격적으로 나온다. 국어시간에 국어사전을 사용하는 법을 배우면서 어휘 수준과 양이 많이 높아짐을 유도하기 때문에 수학 시간에 사용하는 수학 용어와 설명이 어려워질 수 있다.

5학년은 수학의 수와 연산 영역에서의 새롭게 등장하는 수학 용어와 도형 영역의 몇 가지를 제외하면 4학년에서의 심화 수준 정도이다. 그러나 3~4학년에서 나온 수학 개념과 수학 용어가 잘 정립되어 있지 않다면 수학적 카오스의 시기가 될 수 있다.

6학년은 초등학교 최고 단계이자 중등 수학을 준비해야 하기 때문에 수학 각 영역별로 많은 수학 개념과 수학 용어가 나온다. 수학 개념과 수학 용어를 자주 사용하지만 6학년 아이들에게는 쉽게 다가오지 않는다. 또한 수학 개념이 추상적이어서 다루는데 만만치가 않다. 수학 개념에 따른 성질도 다양하게 많이 나오기 때문에 이해보다는 외우는 것이 쉽다고 느낀다. 개념 후 연습문제는 그럭저럭 풀지만, 서술형 문제나 조금 심화된 문제는 수학 개념이 2~3개 포함되어 있어 어렵다고 느낀다.

이렇듯 초등학교는 수학의 학문적 특성에 따른 어려움도 있지만, 어휘 수준 확장과 구체물 조작에서 추상화, 형식화 활동이 함께 진행되기 때문에 어렵다. 또한 이런 일련의 활동들을 충분히 다룰 시간이 부족하다. 지금은 공식적으로 문과와 이과를 구분하는 것이 없어졌지만, 문과와 이과를 선택할 때면 항상 이런 이야기를 많이 하고 많이 듣지 않았는가?

"나는 수학처럼 딱딱 떨어지는 것이 좋아. 그래서 이과를 선택했어."

"나는 한 치의 오차도 없이 딱 맞는 게 숨 막혀. 그래서 문과를 선택할 거야."

"나는 논리적이고 합리적으로 설명해 주는 게 좋아. 그래서 이과에 갈 거야."

"나는 융통성이나 여유가 있어서 대충 넘어가는 것이 있는 것이 좋아. 문과가 그래."

이과를 선택한 사람들에게 물어보면 대부분의 대답이 국어는 외울 것이 많아서 싫거나 많은 어휘를 다루어 어렵다며 수학이 더 낫다고 한다. 그럼 수학을 좋아하는 이유를 물으면 이렇게 답한다.

"수학은 정답이 있어서 좋다."
"딱 떨어져서 군더더기가 없다."
"논리적이고 합리적이다."

이처럼 수학은 정답이 반드시 있다.

'어떨 때 아무리 풀어도 답을 못 찾겠는데…?'

아니다. 정답이 존재한다. 이처럼 수학은 딱 떨어져서 군더더기가 없다. 퍼즐처럼 아무리 작게 조각조각 나뉘어져 있어도 그 아귀가 딱 맞아서 한 가지로 귀결된다. 이처럼 수학은 논리적이고 합리적이다.

'문제를 보니 답을 알겠다. 그러나 그 과정은 도무지 모

르겠는데…?'

　수학은 앞뒤 근거가 꼭 있다. 다른 과목보다 어려운 이유이다. 수학을 이야기하면서 수학적 학문의 특성을 이야기하지 않을 수 없다. 수학적 지식은 수학적 개념, 원리, 법칙으로 되어 있다. 이런 수학적 지식은 초기에 형성된 이후 적용되고 발전하면서 안전된 형태로 보존되고 정리되는 과정을 거친다.

　수학적 지식의 형성 단계에서는 추상화, 형식화, 이상화라는 특성을 가지고 있다. 추상화는 어떤 구체물들의 집합에서 이질적인 요소들을 제거하고 동질적인 요소만 추출하여 수학적 지식을 형성하는 과정이다. 형식화는 어떤 대상에서 추상화 방법을 통해 필요한 원리나 규칙을 발견하고 만들어 가는 과정이다. 이상화는 어떤 사물이나 현상에서 현실적인 제약을 무시하고 사고하려는 개념에 맞추어 사물이나 현상의 속성을 규정하는 과정이다.

　수학적 지식의 적용, 발전 단계에서는 일반화, 특수화라는 특성이 있다. 일반화는 추상화된 개념을 보다 확장된 넓은 범위에 적용하는 과정이다. 특수화는 일반화와 대립하는 개념으로 일반적인 수학적 개념을 특수하고 구체적인 것에 적용하는 과정이다.

수학적 지식의 보존, 정리 단계에서는 계통성, 논리성의 특성이 있다. 계통성은 학습 내용을 차례차례 다음 단계로 연결하면서 새로운 것을 첨가하거나 수학 내용을 위계적, 누적적으로 구성하는 것을 말한다. 논리성은 수학적 지식이 위계적, 누적적으로 정리될 때 누적되는 순서는 연역적인 논리를 따른다는 것이다.

아주 간단하게 수학의 학문적 특성을 언급하였다. 어떠한가? 특성을 읽는 것만으로도 힘이 들지 않는가? 이런 어려운 수학을 시작하는 첫 단계가 바로 초등학생인 것이다. 아이들이 수학을 어려워하는 이유를 충분히 공감해 줘야 하는 이유이다. 그러나 포기시키지는 말자.

수학은 고도의 상징성, 추상성, 기호성 등의 특성을 가진 과목이다. 아이들의 발달단계에 따라 좀 더 수월할 수도, 아니면 더 힘들 수도 있다. 그러나 고대부터 인간이 수학을 해야 하는 필요성과 이유를 생각한다면 이런 특성을 가졌어도 실용적 가치, 문화적 가치, 도야적 가치, 심미적 가치를 고려하여 수학교육은 반드시 필요하다. 다만, 아이들이 이런 수학의 학문적 특성을 충분히 소화해 내려면 많은 시행착오와 시간이 필요하다. 우리는 이것을 인정하고 아이들을 도와줄 방법을 생각해야 할 것이다.

수학은 빨리가 통하지 않는다

　매년 신학년, 새 학기가 되면 수학 시간은 자신만만한 모습을 한 아이들로 인해 활기가 넘친다. 대부분 방학을 이용하여 수학을 선행해서 오기 때문이다. 겨울 방학에는 다음 학년, 여름 방학에는 2학기 수학을 선행해 오고 선행학습을 한 범위도 다양하다. 1단원을 선행학습한 아이부터 1학기 이상을 한 아이들까지 같은 반 교실에도 다양한 선행학습을 한 아이들이 함께 한다. 그래서 항상 첫 단원은 모든 아이들이 잘한다.

　그럼 두 번째 단원부터는 어떨까? 크게 차이가 없다. 선행학습으로 1단원을 하든, 1학기 수학을 모두 하고 오든 실제 수업 시간에는 크게 차이가 없거나 오히려 문제를 많이 틀리는 경우가 자주 발생한다. 이런 이야기를 듣는 부모님들은 속상할 수 있겠지만 교실에서 늘 봐온 상황이다. 많은 시간과 노력과 비용을 들여 선행학습을 했는데 왜 큰 효과를 보지 못하는 걸까?

수학은 빨리가 잘 통하지 않는 과목이기 때문이다. 수학은 수학의 특성을 언급할 때 잠깐 이야기한 것처럼 초등학생의 일상생활 속에서 익숙하지 않은 추상화, 형식화, 이상화, 일반화, 특수화, 계통성, 논리성이 복합적으로 조직되어 있다. 그리고 수학적 사고는 수학 활동의 과정을 통해서 이루어지는데, 수학적 사고는 집합적, 함수적, 도형적, 통계적, 직관과 논리, 가역적, 귀납적, 연역적, 유추적 사고를 포괄한다. 이런 수학적 특성과 수학적 사고는 단 번에 이루어지지 않는다. 즉, 수학은 빨리가 통하는 과목이 아니다.

수학 시간에 아이들이 제일 좋아하는 활동은 계산문제이다. 그냥 배운 연산들을 활용하여 계산만 하면 되기 때문이다. 특히, 고학년으로 갈 수록 공식이 제시된 단원의 문제들은 잘 푼다. 서술형 문제 같은 경우에는 처음부터 끝까지 다 읽지만 이해를 못 하거나 다 읽지 못하는 경우도 있다. 서술형 문제와 수학 개념이 몇 가지 복합되어 있는 문제는 풀기 싫어하거나 많이 힘들어한다. 왜 그럴까?

초보 교사 시절에는 수학적 개념을 충분히 이해하지 못해서 그렇다고 생각했다. 그러나 20년 가까이 아이들을 관찰하다 보니 아이들의 어휘와 문해력 수준도 문제가 된다는 것을 알게 되었다. 갑자기 수학 이야기를 하다가 어휘와 문해력을 이야기하니 무슨 말인가 싶을 것 같다. 초등학교는 발달단계에 따른 어휘 사용과 글의 수준이 학년이 올라갈수록 많아지고 다양해진다. 1학년 교과서를 보면 조금 과장해서 그림밖에 없다. 6학년 교과서는 그 반대다. 학년에 따른 어휘와 문해력의 수준이 확보되어야 수학도 잘할 수 있다. 어휘와 문해력 수준은 수학을 잘하는 데 필수조건인 것이다.

그런데 어휘와 문해력 수준은 빠르게 늘릴 수 있는 부분이 아니다. 영어의 경우를 예로 들면 잘 이해할 수 있을 것이다. 영어 단어를 많이 외울 수는 있지만, 영어로 된 글을 읽거나 상황에 맞는 단어를 선택하여 사용할 때는 쉽지 않다. 어휘와 문해력 수준을 빨리 늘릴 수 없다는 것은 수학에서 빨리가 안 통한다는 것이다.

앞에서 수학의 특성을 이야기하면서 계통성에 관한 이야

기를 잠깐 했다. 수학에서의 계통성을 조금 더 이야기해 보겠다. 계통성은 학습 내용을 차례차례 다음 단계로 연결하면서 새로운 것을 첨가하거나 수학 내용을 위계적, 누적적으로 구성하는 것을 말한다.

예를 들어 2+2+2+2=8의 동수누가 방법을 통해 $2 \times 4 = 8$을 이해하고 곱셈으로 표현하는 것은 동수누가 방법을 통한 곱셈 개념의 계통성이다. 수학 교과는 계통성이 뚜렷하여 학습결손이 있을 시 다음 내용을 이해하는 데 어려움을 겪게 된다. 또한 아이들이 학습 내용을 개별적, 독립적, 분절적으로 생각한다면 수학 학습에 대한 흥미를 잃게 된다.

수학의 계통성이라고 하니 잘 와 닿지 않을 수도 있다. 혹시 조금 지난 광고지만 학습지 광고에서 나선형 학습이라고 광고하는 것을 본 적이 있는가? 나선형 학습이라고 하는 것이 수학의 계통성을 설명한 다른 표현이다.

나선형 학습법과 관련된 나의 이야기를 좀 하겠다. 몇 해 전에 4학년을 맡으며 수학 시간마다 수학은 나선형 구조로 되어 있다고 이야기했다. 아이들에게 나선형 구조라는 말이 어려워 계단형 학습 구조라는 말을 하며 설명했던 것 같다. 그러면서 매 수학 시간마다 각 단원별로 수학은 계단형 학습 구조라서 앞 시간에 배운 것을 잘 이해하고 있으면 오늘 배우는 것이 너무 쉽게 이해되고 해결될 수 있다고 강조했다.

그 이후 매년 11월쯤 통보되는 교원능력개발평가 내용 중 '선생님께 하고 싶은 말' 문항에 '선생님 덕분에 수학이 너무 쉬웠다'는 글이 잔뜩 적혀 있었다. 내가 적용한 수학 학습법이 아이들에게 잘 받아들여지는 것 같아 뿌듯했다.

수학은 계통성 즉, 나선형 학습 구조를 가진 과목이어서 빨리가 되지 않는다. 그래서 아이들에게 항상 계단형 학습이라는 말로 매 수학 시작 시간에 반복해 이야기했다.

"계단은 아래 계단을 반드시 디뎌야 위쪽 계단으로 올라갈 수 있다. 혹 2~3개 계단을 한꺼번에 올라갈 수는 있으나 몸이 휘청하여 넘어지면 다시 처음부터 시작해야 된다. 또 아래 계단이 단단히 지지하고 있기 때문에 위쪽 계단으로 올라가기가 쉽다. 수학도 계단형 학습이어서 앞 시간에 배운 것을 잘 이해했다면 오늘 배울 것은 앞 시간에 배운 내용 50%에 오늘 알게 된 내용 50%이므로 문제될 것이 없다. 여러분은 벌써 50%를 알고 시작하는 것이기 때문이다."

수학은 빨리하는 학문이 아니라 부드럽고 맛있는 와인이 되려면 충분한 숙성을 거쳐야 하듯 충분한 시간과 노력이 필요한 과목이다. 왜냐하면, 아이들의 지적, 정서적 발달이 충분히 이루어져야 하기 때문이다. 수학적 많은 특성들은 빨리 달성될 수 있는 것들이 아니다. 수학 교육의 필요성을 이야기하면서 수학의 도야적 가치를 언급하고 있다. 아이들의 정신 기능과 사고 능력을 향상시키는 데 많은 시간이 필요하기 때문이다. 수학의 내용이 계통성을 따르고 있어 한 방향으로 착실히 나아가야 이해의 결손이 생기지 않기 때문이다.

초등공부 수학문해력 하나로 끝난다

문제를 많이 풀어도
수학 성적이 안 오르는 이유

과거 수학 시간에는 개념 설명 후 교과서 연습문제를 풀도록 하면서 답을 확인할 때 칠판에 나와서 문제를 풀고 설명을 하도록 했다. 아이들은 부끄러워하지만 분필로 칠판에 적어본다는 것과 자신이 문제를 잘 푼다는 것을 설명할 수 있는 기회여서 은근히 좋아했다. 그러나 지금은 아주 특별한 경우가 아니면 그렇게 하지 않는다. 여러 가지 이유가 있겠지만 못 푸는 아이들에 대한 배려와 개별화 학습, 다른 활동으로 인한 시간적 제약 때문이다.

선생님들은 항상 아이들이 제대로 이해를 했는지, 어느 부분에서 이해가 안 되었는지, 무엇을 잘못 이해했는지, 단순한 실수인지 관심을 가지고 있다. 그래서 수학 시간에 문제를 풀고 나면 문제를 어떻게 풀었는지 꼭 물어본다. 그러면 선생님이 설명한 개념을 이해하고 그것을 적용하여 설명하는 경우는 손에 꼽을 정도이다. 문제는 잘 푸는데 또 많이 풀려고 욕심도 내는데 수학 실력은 제자리다. 왜 그럴까?

선생님의 설명을 듣고 아이들 자신의 말 즉, 아이들 스스로 이해하여 문제를 풀지 않기 때문이라고 생각한다. 모든 학습활동은 결국에는 자신의 이해가 바탕이 되어서 표현을 하든 문제를 풀든 해야 된다. 가끔 눈치 빠른 아이들은 선생님이 한 설명을 이용하여 설명할 때도 있다. 그럴 때는 꼭 추가 질문을 해서 그 아이의 이해 수준을 확인한다.

다른 과목도 마찬가지겠지만 특히, 수학은 문제를 많이 풀어서 되는 과목이 아니라 이해가 먼저 되어야 하는 과목이고, 그것도 자신이 스스로 한 이해일 때 다양한 응용이 가능하다. 혹시 엄마표 수학을 하시는 부모님이 계신다면 반드시 내 아이의 이해 수준을 점검해서 문제를 풀려야 기대하는 효과를 얻을 수 있다.

우연찮게 유튜브에서 3개월 만에 수능 1등급 되는 문제

풀이법을 본 적이 있다. 그 방법은 다음과 같다.

첫째, 한 단원을 푼다.

둘째, 푼 문제를 ○, △, ☆를 한다. 스스로 완벽하게 푼 문제는 ○, 찍어서 맞추었거나 답은 맞는데 과정이 틀렸거나 과정은 맞는데 답이 틀린 경우는 △, 완전히 모르는 문제는 ☆를 하도록 한다.

셋째, △, ☆를 한 문제만 다시 푼다. 위에 두 번째 과정을 또 거친다.

넷째, 3번 정도 풀었을 때도 ☆를 표시한 문제는 풀이집을 통째로 암기하던가, 선생님을 통해 반드시 설명을 듣고 이해를 해야 된다.

첫째와 둘째 과정은 우리 교실에서 일상적으로 보아온 광경이다. 위 유튜브 영상의 댓글을 보면 저 방법으로 성적을 올렸다는 내용이 많았다. 내가 보더라도 굉장히 효과적인 방법이다. 그런데 우리 초등학교 아이들은 왜 큰 효과를 못볼까? 이유는 아이들이 잘못 활용하고 있기 때문이다.

우선 아이들은 문제를 많이 풀어야 된다고만 생각한다. 그리고 틀린 문제는 △, ☆ 표시만 해두면 된다고 생각하는 것 같다. 그래서 자신이 알고 있는 문제, 쉽게 풀리는 문제만 열심히 많이 풀고 있는 것이다. 이렇게 해서 문제를 많이 푸는 것은 수학 성적을 올리는 데 아무런 효과가 없다. 저 방법에서의 셋째, 넷째 과정은 아이들 스스로가 해야 되는 것이 아니라 공부방, 학원 선생님이 해줘야 되는 것이라 생각한다. 문제를 많이 풀어도 공부 방법이 잘못되어 있으면 성적이 오르지 않는다.

2007 교육과정의 수학 교과서에 매 단원별로 문제 해결 전략의 일반적 전략이, 마지막 단원에는 문제 해결 전략의 특수 전략을 사용하여 문제를 푸는 내용이 있었던 적이 있다. 처음 그 내용을 접하고 수학적 사고를 이렇게 분절해서 나눌 수 있을까? 하면서 가르쳤던 적이 있다. 그 내용은 다음과 같다.

먼저, 문제 해결 전략이란 문제 해결자들이 문제를 해결하기 위해 스스로 던지고 따르는 발문과 권고를 발견술이라 하고, 전략은 문제 해결 발견술의 일부로서 특정 문제를 푸는 데 결정적 영향을 미치는 문제 해결 지침을 말한다.

문제 해결 전략은 일반적 전략과 특수 전략으로 나뉘는데 일반적 전략은 문제의 이해, 계획 수립, 계획의 실행, 검토를 거치는 과정이고, 특수 전략은 실제로 해보기, 식 만들기, 예상과 확인, 그림 그리기, 표 만들기, 규칙 찾기, 단순화하기, 거꾸로 풀기, 목록 만들기, 특수화하기, 실험해 보기, 논리적으로 추론하기, 관점을 바꾸어 보기 등이 있다.

일반적 전략은 매 단원의 마무리쯤에 서술형 문제 하나가 제시된다. 그리고 문제를 4단계로 분석해서 가르쳤다.

1단계: 구하고자 하는 것은? 조건은? 자료는?
2단계: 답을 구하기 위해 좋은 단서는 있는가?
3단계: 풀이를 실행하고 점검한다.
4단계: 구한 답이 맞는지, 계산은 정확한 지 확인한다.

특수 전략은 각 학년마다 마지막 단원에 실제로 해보기, 식 만들기, 예상과 확인, 그림 그리기, 표 만들기, 규칙 찾기, 단순화하기, 거꾸로 풀기, 목록 만들기, 특수화하기, 실험해 보기, 논리적으로 추론하기, 관점을 바꾸어 보기 등의 전략을 사용해야 하는 문제를 풀도록 했다.

그 당시 아이들이 단답형 문제풀이에만 익숙한 상황이라 서술형 문제를 풀 수 있도록 문제 해결 전략을 가르쳤다. 문제 해결을 위한 사고가 딱딱 나누어지지는 않지만, 아이들에게는 문제를 해결하도록 하는 방법을 제시해 주었다고 생각한다. 이때 이것을 가르치면서 많은 이야기가 있었던 것은 사실이다. 그러나 개인적으로는 아이들에게 문제를 대하는 방식을 가르쳤기 때문에 나름 괜찮았다고 생각한다. 지금은 일부 단원에서 좀 더 간단한 방법으로 제시되고 있다.

지금 아이들이 문제를 푸는 것을 보면 단순히 직관적으로 보고 모르면 그냥 포기해 버린다. 문제를 해결할 수 있는 문제 해결 전략 자체가 없는 것이다. 특히, 교실에서 교과서 문제를 풀 때 서술형 문제는 문제 자체를 이해 못 하거나 문제를 분석하려는 시도도 하지 않는다. 문제 해결 전략도 없이 많은 문제를 푼다는 것은 그냥 빡빡이 숙제를 하는 것과 비슷하다. 의미 없이 푼 문제는 아이들의 기억 속에 없다. 기억 속에 없으니 수학시험을 잘 칠 수 없고 수학 성적도 오르지 않는 것이다.

수학에서는 반드시 문제를 풀어야 한다. 그러나 많은 문제를 푼다고 성적이 향상되는 것이 아니다. 아이들이 이해하지 못하고 문제를 푸는 것은 모래성을 쌓는 것과 같다. 아이들이 문제를 풀어서 효과를 보려면 수학을 공부하는 방법이 올바르게 장착되어야 한다. 그렇지 않으면 많은 문제 중에 아는 문제만 푸는 아이들만 양산된다. 수학교육을 하는 목적 중 한 가지가 실용적 가치 즉, 생활 속에서 다양한 문제를 해결할 수 있는 능력을 기르는 데 있다. 그런데 문제를 풀면서 문제 해결 전략을 가지지 않고 많은 문제를 푸는 것은 수학교육의 목적에도 맞지 않는다. 많은 문제를 푼다고 수학 성적이 오르지 않는다. 반드시 이해하고, 문제 해결 전략을 가지고 올바른 공부법을 가졌을 때만 가능하다.

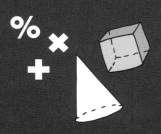

Part 2
초등수학 문해력이 전부다

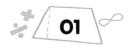

수학선생님이 언어 독해를 말하는 이유

요즘 들어, 아니 수학에서 서술형 문제가 많이 나온다는 이야기가 나오면서부터 수학 공부법 관련 도서에서는 언어 능력의 부족을 언급하고 있다. 특히 수학 최상위 실력을 갖추기 위해서는 언어능력을 필수라고 이야기하고 있다. 류승재 저자의 〈수학 잘하는 아이는 이렇게 공부합니다〉에서 이렇게 설명하고 있다.

"언어능력이 또래보다 2년 이상 높은 경우 수학 선행 능력과 심화 능력이 모두 뛰어나며, 언어능력이 또래 학년보다 1년 이상 높아도 수학 선행 능력이 뛰어나다."

언어능력은 수학 실력을 높이는 기초이다. 왜냐하면 언어는 모든 공부를 하는 도구로서 그 도구가 알맞게 구비되어 있지 않다면 효율성뿐만 아니라 공부 자체를 할 수 없게 된다. 농사를 짓는 농부가 농사에 필요한 기구 없이 농사를 짓는 것과 같은 것이다. 위 책에서 언급한 내용을 좀 더 살펴보면, 언어능력이 떨어지면 내용을 체계화하고 분류해서 머릿속에 집어넣는 능력이 떨어지므로 수학 공부에 어려움을 겪게 된다. 또한 문장제 문제(서술형 문제) 해석을 어려워하고, 배워도 빨리 잊어버리는 특징이 있다. 배워도 빨리 잊어버리는 문제는 여러 번 이해와 암기를 반복해야 극복할 수 있다.

언어능력이 되어야 수학의 개념과 용어, 원리, 법칙, 내용 등이 이해가 된다. 수학은 이 언어능력 외 수학적 특성인 추상화, 형식화, 이상화가 함께 습득되어야 하기 때문에 아이들이 더 어렵게 느낀다. 그래서 반드시 수학 공부의 도구가 되는 언어능력을 잘 갖추어야 수학의 본질에 접근하면서 수학 성적뿐만 아니라 실력도 향상된다. 또한 수학의 설명도 '말'로 이루어진다.

그러면 언어능력을 높이려면 어떻게 해야 될까? 언어능

력 또한 단시간에 수준을 높일 수 있는 것이 아니기 때문에 유아 시기부터 꾸준한 책 읽기와 언어를 이용하는 활동이 수반되어야 한다. 이 언어능력이 '문해력'이다. 앞으로 이 책에서 언급되는 언어능력은 문해력으로 이해해도 좋다. 문해력은 문해력 그 자체만으로도 한 권의 책으로 낼 수 있을 만큼 많은 양이라 여기서는 간단하게만 언급하겠다.

문해력은 반드시 부모님의 관찰과 함께하는 것이 필수이다. 부모님과 함께하는 책 읽기와 대화를 해야 한다. 또한 책 읽기는 지속적으로 이루어져야 되는데 특히, 초등학교 6학년까지 줄글로 된 책으로 독서를 해야 한다. 지금 초등학교 현실을 보면 그림책이 끝나는 2~3학년부터 아이들은 줄글로 된 책보다는 학습만화라고 붙여진 책 읽기만 이루어진다. 초등학교부터 수포자가 생겨날 수 있는 환경인 것이다.

그러면 어떤 분이 이렇게 물어온다. "책을 안 읽는 것보다 학습만화라도 읽는 것이 낫지 않나요?" 나의 대답은 간단하다.

"독서 수준이 안 갖춰져 있다면 학습만화는 읽지 말아야 한다."

서술형 문제를 통한 수학적 사고력을 키우기 위한 노력은 우리나라뿐만 아니라 일본에서도 진행 중이다. 나가노 히로유키의 〈읽어야 풀리는 수학〉에서 다음과 같이 질문하고 있다.

"수학은 푸는 걸까? 읽는 걸까?"

한참을 고민해도 쉽게 대답할 수 없는 이 질문에 일본 수포자(수학을 포기한 사람)들의 멘토 나가노 히로유키는 이렇게 답했다.

"수학의 핵심은 독해력으로, 수학은 읽어야 풀린다!"

나도 나가노 히로유키의 답에 전적으로 동의한다. 미래의 지식사회에 수학이 더 강조될수록 단순한 수학 문제가 아니라 일상생활 속의 복합적인 상황에 숨겨진 수학적 사고력을 요구한다. 이런 수학적 사고력은 상황 속에서 존재하고 그 상황은 말과 글로 표현된다.
이렇듯 요즘 수학 문제는 상황을 표현한 문장으로 된 문제가 대부분이다. 문제를 제대로 읽어내지 못하면 문제 속에 나타난 수학적 문제가 어떤 것인지 발견할 수 없다. 적절한 공식을 이용하거나 계산하기 전에 문제로 주어진 글을 이해하고 그 속에 있는 수학적 문제를 발견해야 하는 것이다.

교과 과정 또한 문·이과를 통합하며 수학에 과학, 역사, 사회 등 다양한 개념을 융합한 '교과 통합형(STEAM)'으로 변화하는 추세다. 독해력은 수학 성적 향상을 위한 기본 바탕이고, 향후 우리 아이들이 살아갈 미래 사회에서 꼭 필요한 능력인 것이다. 수학 서술형 문제 해결을 위한 고민에서 찾은 독해력 향상은 이제 미래 사회의 기본 소양이 될 것이다. 멀리까지 내다보고 아이들의 독해력 향상에 노력을 기울여야 된다.

수학 매 단원이 끝나면 '얼마나 알고 있나요?'를 푼다. 단원 평가 성격의 문제로 저학년은 5~6문제, 고학년은 7~8문제 정도이다. 그리고 그중에 절반 정도의 문제가 서술형 문제이다. 이 평가는 교사인 내가 직접 채점한다. 아이들의 이해 정도를 파악하고 어떤 문제를 어려워하고, 많이 틀린 문제 중에서도 어느 부분을 잘 틀리는지 알기 위해서다.

문제의 수준은 딱 성취기준을 평가하기 위한 기본 정도의 문제이다. 그런데 모두 맞는 아이들이 의외로 많지 않다. 학년을 막론하고 매번 확인할 수 있는 것은 서술형 문제를 모두 맞히는 아이들이 드물다는 것이다. 그래서 틀린 문제를 다시 풀어 오라고 하면서 대화를 해보면 문제를 제대로 안 읽은 아이들이 30%, 문제를 읽어도 그 의미를 이해하지 못하는 아이들이 40%, 아예 서술형 문제를 포기하는 아이들이 20%, 제대로 풀어 온 아이들은 10% 정도이다.

　서술형 문제는 3~4줄 정도의 글로 되어 있고, 수학 개념이 1~2개 정도 들어 있으며 계산 과정이 1~2개 정도이다. 그리고 고학년으로 올라갈수록 서술된 문장이 조금씩 길거나 어휘 수준이 높다.

　왜 아이들은 3~4줄의 글로 된 문장을 읽고 정확하게 이해하지 못하는 걸까? 글자는 읽지만 글에서 의미하는 뜻 즉, 문해력이 부족하기 때문이다. 수학 개념은 접어두고 문제에 나타난 글의 의미를 이해하지 못하는 것은 수학만의 문제가 아니다. 이것은 글로 된 문제에 대해서만 말한 것인데, 말로 듣는 선생님의 설명까지 포함되면 더 심각하다. 아이들이 선생님이 말로 설명하는 것을 충분히 이해 못한

데다가 글로 된 문제를 읽고 이해를 못 하니 못 푸는 것은 당연하다. 수학 공부에 앞서 문해력이 꼭 필요한 이유다.

수학 공부를 위한 도구가 말과 글, 문해력이다. 이것이 바탕이 되어 있지 않다면 아무리 훌륭한 수학선생님이 가르치더라도 수학은 어려울 수밖에 없다. 수학 개념, 용어, 원리, 법칙을 이해하기 위해서는 문해력은 반드시 필요하다. 특히, 초등학교에서부터 배우기 시작하는 문해력은 반드시 수학 실력 향상을 위해서도, 다른 과목 공부를 위해서도 꼭 필요하다는 것을 알아야 한다.

수학도 독해력이 필요하다

　　교육과정 개정을 통해 개념 도입부터 문제 풀이까지 스토리텔링을 활용한 수학이 적용되고 있다. 스토리텔링을 통해 아이들의 흥미를 유발하고 실생활 속에서 문제 해결을 할 수 있도록 하였다. 조금 지났지만, 현재에도 교실에서 진행 중인 수학 관련 뉴스이다. 2015년 11월 10일 자 〈대전일보〉 뉴스에서는 다음과 같은 내용을 보도하고 있다.

　　"요즘 아이들이 새롭게 도입된 스토리텔링 수학을 어려워한다고 한다. 수학 개념은 이해하고 있더라도 수학 문제가 이해되지 않는 경우가 많은 것이다. 교육부에서 수학교육 선진화 방안 발표 이후 스토리텔링 수학이나 서술형 수학 등이 도입되고 점차 중요도와 비중이 늘어가면서 수학 개념과 사고력만큼 수학 독해력이 중요해졌다. 앞으로 수학의 최상위를 결정짓는 능력은 수학 독해력이 매우 중요하게 작용할 것으로 예상된다."

개정 교육과정은 수학 학습에 있어서 수학 개념, 사고력과 함께 스토리텔링 수학 도입을 통한 수학 독해력을 강조하고 있다. 스토리텔링 수학이 적용된 것이 수학 응용문제와 서술형 문제이다. 이 문제들은 아이들이 수학 문제를 읽고 수학 어휘를 이해하고, 문제를 수학적 기호로 바꿀 수 있는 능력을 요구하는 것이다. 스토리텔링 수학은 기본적으로 스토리를 기반으로 하기 때문에 스토리를 읽어내는 능력이 필요한 것이다. 스토리를 읽어내는 능력이 '문해력'이다. 문해력은 평소 책을 꾸준히 읽고, 개별 어휘의 뜻뿐만 아니라 글의 맥락적 상황까지 파악하고 전체 글을 이해하는 것을 말한다.

수학적 독해력은 이런 문해력을 바탕으로 수학적 개념, 원리, 법칙 등을 적용하여 문제를 이해하는 능력이다. 문해력이 충분하지 않은 아이라면 글 자체의 어려움과 수학적 내용의 어려움까지 합쳐져서 수학을 어렵고 싫어할 수밖에 없다. 그래서 부모님들은 내 아이의 문해력을 확인하고 혹시 부족하다면 수학 공부를 본격적으로 하기에 앞서 채워줘야 된다. 특히, 문해력은 초등학교 저학년 시기에 잘 모르고 넘어가는 경우가 생길 수 있으므로 잘 살펴봐야 한다. 그래서 문해력이 초등수학의 전부인 것이다. 또한, 초등학교에서 잘 갖춰진 수학적 문해력은 수학적 개념, 용어, 내용이 많이 나오는 중·고등 수학에서도 최상위 수학 실력을 만드는 바탕임을 알아야 한다.

고학년만 맡아온 선생님들은 저학년 아이들을 맡는 것에 부담을 갖고 있다. 같은 초등학교 아이들이지만 사용하는 어휘 수준이 다르다는 것이 이유 중의 하나이다. 아이들에게 말을 전달할 때 사용하는 언어와 설명이 다르다. 발달 수준에 따른 적절한 어휘와 방법을 적용해서 수업과 생활지도가 이루어진다. 수학 수업을 할 때도 마찬가지이다. 각 학년에서의 수학 개념을 각 학년에 맞는 언어로 설명하고 글로 읽고 이해한다. 그런데 발달단계에 맞는 언어 수준이 안 갖춰져 있다면 수학은 다른 과목보다 좀 더 어렵다.

저학년 아이들의 선생님들은 저학년 아이들의 어휘와 이

해 수준에 맞는 설명을 하고, 중학년은 중학년에 맞게, 고학년은 고학년에 맞게 적이 하게 맞춘다. 그래도 설명이 이해가 안 되는 아이들은 친구들의 도움을 받아 또래 친구와 소통 가능한 어휘로 다시 한번 수정해서 이해한다. 이런 상황에서 각 학년에 맞는 어휘나 문해력 수준이 확보되지 않으면 그 아이들은 그 학년에서의 학습부진이 발생할 수밖에 없다.

수학도 마찬가지로 언어를 매개로 해서 학습이 이루어진다. 선생님의 설명은 아무리 각 학년에 맞는 어휘나 글을 사용한다 하더라도 이해하는 데는 문해력이 필요하다. 또한 아이들이 공부하는 교과서도 언어를 매개로 쓰여 있기 때문에 어휘와 문해력이 부족하면 이해할 수 없고, 수학 개념을 이해하는 데는 더욱더 어려움이 생긴다.

한 번은 수학 오답노트를 시킬 때의 일이다. 아이들이 푼 서술형 문제 중 많이 틀리는 문제를 골라 문제를 이해시키고, 같이 풀이를 한 후 그 문제를 다시 풀도록 하였다. 오답 노트를 검사하면서 다시 한번 놀랐다. 방금 나와 설명을 통해 푼 서술형 문제를 아이들 혼자서 스스로 못 푸는 것도 놀랍지만, 계산 과정과 답을 계속 틀려 와서 문제에 대한 질문을 하니 무엇을 구하는지 모르고 문제에 있는 숫자를 보고 그냥 감으로 덧셈이나 뺄셈을 해온 것이다. 그래서 그 문제를 천천히 읽도록 하고 무엇을 구하는지, 알고 있는 것은 무엇인지, 그 문제에 들어 있는 수학 개념은 무엇인지 일일이 확인한 후에야 이해가 됐다는 표정으로 다시 문제를 풀어왔다. 그런 아이들이 많다는 것이 문제이다.

서술형 문제를 대하는 아이들의 태도는 저학년에서 고학년까지 별반 다르지 않다. 다만, 차이가 나는 것은 저학년은 서술형 문제 전체를 완전히 읽고 이해해 내는 능력이 부족하다면, 고학년은 서술형 문제를 부분적으로 이해는 한다는 것이다. 그렇지만 무엇을 구하는지는 알고 있지만 제대로 문제를 풀지 못한다는 것이다. 저학년은 단순 연산만으로 해결하려 하고, 고학년은 앞에서 형식화한 공식을 적용하면 문제가 해결될 것이라는 생각으로 문제를 해결한다.

서술형 문제를 다룰 때는 영어 독해를 하듯이 문장을 끊어서 읽고 이해하고, 또 다음 문장을 읽고 이해해서 문제의 의도를 이해한 후 풀도록 해야 한다. 이 과정이 수학적 독해력을 지도하는 과정이다. 그러나 수학적 독해력은 기본적으로 문해력을 바탕으로 해서 이루어지기 때문에 개인별 편차가 있고, 학년이 올라갈수록 각 학년에 성취해야 하는 문해력 수준이 높아지기 때문에 수학 시간에 수학적 독해만을 배운다고 쉽게 성적이 오르는 것이 아님을 알아야 한다.

개인별 언어 수준은 독서를 통해서 길러질 수 있고, 학년별 수학적 독해력은 개인별 언어 수준, 학년별 성취해야 할 언어 수준, 각 학년의 수학적 개념이 종합되어서 이루어진다. 이제 수학은 단순히 수학적 개념만 이해하면 해결될 수 있는 과목이 아니다. 스토리텔링 수학의 도입으로 서술형 문제가 많은 부분을 차지하게 되었고, 수학이라는 과목 역시 언어를 매개로 학습이 이루어지며, 제시된 문제가 무엇을 구하는지 문제를 독해하듯 풀어서 이해하고 해결해야 되는 것이다.

지금의 아이들은 영상세대이기에 글을 읽고 이해하는데 더 취약할 수밖에 없기 때문에 별도의 노력이 필요하다. 심지어 수학으로 이루어진 AI 인공지능 ChatGPT를 인간이 잘 활용하려면 언어의 수준이 높아 맥락적 관계를 잘 파악해야 거짓 정보인지 판별이 가능하다고 한다. 문해력이 바탕이 되는 수학적 독해력이 더 필요하게 되었다.

서술형 문제는 왜 많이 틀릴까?

　서술형 문제를 대하는 학생들의 모습은 저학년이든 고학년이든 차이가 없다. 서술형 문제가 있는 것만으로도 싫고 어렵다는 마음을 드러낸다. 저학년은 저학년에 맞는 수준으로 고학년은 고학년에 맞는 수준으로 문제가 제시되기 때문이다. 이렇게 아이들이 싫어하는 모습이 팍팍 느껴지는 문제는 선생님들도 지도하기 힘들다. 벌써 태도에서 나는 하기 싫다, 어렵다는 마음이 느껴지기 때문에 동기유발이 잘 안된다. 학습의욕도 낮다. 그럼 왜 아이들은 서술형 문제를 싫어할까?

　답은 간단하다. 잘 틀리기 때문이다. 서술형 문제는 문해력을 필요로 할 뿐만 아니라 사고를 해야 풀 수 있기 때문에 싫어한다. 그래서 문제를 제대로 안 읽는 아이들이 상당히 많다. 그리고 긴 문장의 글은 어디에서 끊어 읽고 무엇과 무엇이 관계를 맺는지 알아야 한다. 그런데 요즘 교실에서는 이렇게 긴 문장으로 된 책을 읽는 아이들을 찾아볼 수 없다. 서술형 문제는 교사와 함께 풀어야 하는 활동으로 바뀌었다.

아이들이 서술형 문제를 어려워하는 데에는 잘못된 공부 방법도 한몫을 한다. 대부분의 아이들은 수학 공부를 한다고 문제집을 가져와서 열심히 푼다. 개념을 이해하고 익히고 적용하는 과정은 빠져 있다. 이것은 문해력과 더불어 서술형 문제를 더욱 어렵다고 느끼게 하는 요인이다.

수학에서 수학 개념을 이해하고 다루는 부분은 중·고등학교에 비해 많이 강조를 안 한다. 수학 개념을 설명하고 이해하려고 하면 높은 수준의 문해력이 필요하기 때문이다. 앞서 발달단계에 따른 어휘나 문장을 이용하여 수학 개념을 가르친다고 했다. 아무리 각 학년에 적합한 어휘나 문장을 사용하여 설명한다고 하더라도 수학이라는 과목 자체가 고도의 상징과 기호를 포함하고 있다. 그래서 발달단계에 적합한 어휘로 수학의 개념을 모두 설명하는 데는 한계가 있다.

혹시 이런 경험이 없는가? 초등학교 때는 아무리 이해하려고 해도 안 되던 개념이 중학교나 고등학교에서는 너무 쉽고, 당연하게 사용했던 경험 말이다. 어휘 수준이 높아지면 이해의 수준이 높아지고, 이해의 수준이 높아지면 수학의 개념 이해가 쉬워지고, 수학의 개념 이해가 잘 되면 수학 실력이 높아지는 것은 당연하다.

이런저런 궁금증이 생겨 궁금증을 해결하기 위해 답을 찾다 보면 맘 카페에 가끔 들어가게 된다. 내가 궁금하게 생각하는 것에 대한 답을 찾은 다음에 요즘 엄마들은 무슨 고민이 있을까를 살펴봤다. 아이들 공부에 대한 고민이 제일 많다.

특히, 수학에서는 꼭 서술형 문제에 대한 고민을 적어두고 다른 엄마들의 경험을 공유하고 싶어 한다. 그러나 댓글에서도 시원하게 고민을 해결해 주는 내용은 없다. 서술형 문제에 대한 엄마들의 비슷한 고민을 많이 봤지만 그 해결 방법은 주로 학원을 바꾼다거나 서술형 문제가 많은 문제집을 풀게 하거나 하는 정도였다.

아이들이 서술형 문제를 어려워하거나 싫어하지 않게 하

는 근본적인 해결 방법은 책 읽기를 통한 문해력을 키우는 것뿐이다. 그런데 왜 부모님들은 자꾸 다른 방법에만 관심을 가지는 걸까?

문해력은 조금 한다고 바로 실력으로 나타나는 것이 아니고, 또 어떻게 접근해야 될지 모르기 때문이 아닐까 하는 생각이 든다. 그러나 잘 생각해 보면 우리 아이들이 한참 말을 하고 글자를 익혀갈 때 어떻게 했는지를 생각하면 알 수 있다. 똑같은 방법으로 하되 그 재료가 글자가 아닌 긴 글을 이용하면 된다. 다만, 시간을 조금 여유있게 아이와 함께 한다면 그 효과는 생각보다 빨리 나타날 것이다.

아이들 학습지 광고를 본 적이 있는가? 과거에 비해서 특히 많이 이야기하고 있는 것이 있다. 맞다. 서술형 문제를 대비하는 이야기를 하고 있다. 학습지 같은 사교육에서 서술형 문제 대비라는 이야기를 많이 한다는 것은 많은 학생과 학부모가 그것에 대해 관심이 많다는 것을 나타낸다.

인터넷 검색 사이트에 수학 서술형 문제로 검색을 해보면 크게 2가지로 검색된다. 하나는 블로그 등에서 수학 서술형 문제를 잘 해결하는 방법을 적은 글이고, 다른 하나는 신문의 뉴스를 이용한 사교육업체의 서술형 문제를 도와줄

수 있는 프로그램 안내이다. 인터넷 검색 사이트에서 알려
주는 서술형 문제의 해결 방법은 다음과 같다.

첫째, 개념을 잘 정리해야 된다.
둘째, 문제를 정확하게 이해해야 한다.
셋째, 문제 해결방법을 찾는다.
넷째, 문제를 풀고 다시 확인한다.
다섯째, 풀이 과정을 적는 연습을 한다.

여기에서 보면 둘째, 문제를 정확하게 이해한다를 제외
하고는 지금까지 계속 해온 수학적 해결 방법이다. 결국 여
기에서 알려주는 방법도 가장 중요하게 생각하는 것이 문
제의 정확한 이해이다. 즉, 수학 문제를 읽어내는 문해력인
것이다.

앞서 언급한 것처럼 수학에서 서술형 문제의 도입은
2015 개정 교육과정에서 수학적 사고력과 의사소통 능력을
기르는 것을 목표로 도입되었다. 즉, 향후 우리 아이들이
필요로 하는 능력이 수학적 사고력과 의사소통 능력이다.
그런데 사고력과 의사소통 능력은 근본적으로 무엇과 관계

가 있는가? 바로 언어능력, 문해력과 관련이 있다.

　2015 개정 교육과정의 맥락적 의미를 이해한다면 수학을 잘 하기 위해서는 언어능력, 문해력이 바탕이 되어야 함을 이해해야 한다. 결국 서술형 문제를 해결하기 위한 시작은 문해력이 필요함을 다시 한번 말하고 싶다.

　서술형 문제는 결국 문해력의 문제이다. 아이들이 서술형 문제를 많이 틀리는 것은 결국 문해력의 부족이다. 긴 글을 읽는 책 읽기는 요즘 교실에서는 보기 힘들다. 이것은 아이들이 문해력이 부족해질 수밖에 없는 이유이다. 또한 요즘 아이들은 대부분을 유튜브 같은 영상을 통해서 배움을 익히거나 중요한 내용을 습득한다. 줄글을 쉽게 읽을 수 없다는 것이다. 수학을 잘 하기 위해서 문해력은 필수가 되었다. 내 아이의 수학 실력을 올리고 싶은 부모님들이라면 반드시 아이들의 문해력을 길러줘야 한다.

수학 개념을 알아야 문제를 풀 수 있다

초등학교 아이들이 문제를 해결하지 못하는 경우는 문제 유형이 서술형인 경우일 수도 있지만 개념을 잘 이해하지 못해서 문제를 해결하지 못할 때도 많다. 초등학교에서 수학 개념을 가르칠 때는 수학 개념 또는 수학 정의라는 표현 없이 보통의 경우 별도의 박스에 'ㅇㅇ은 ~라고 한다'는 뜻을 적고, 그 개념과 관련된 수학 용어나 기호를 그림과 함께 제시하여 직관적으로 알도록 한다.

초등학교 발달 수준에 적합한 설명이라 생각하지만, 한편으로는 수학 개념을 이해하고 받아들이는 데 아주 적절한 방법인지는 생각해 봤으면 하는 생각을 자주 한다. 왜냐하면 수학 개념을 설명한 후 문제를 풀면서 익히는데, 그 문제를 해결하는 방법이 개념을 이해하고 푸는 것보다 그냥 직관적으로만 풀기 때문이다. 그래서 선생님들은 4학년 이상에서는 설명을 하면서 수학 개념이라는 표현을 적절히 사용하여 가르친다.

예를 들어 초등학교 3학년에 나오는 '각'에 대해서 이야기해 보겠다. 먼저, 일상생활에서 알아보기를 통해 '각'이라는 것을 인지한다. 이때 '각'이라는 표현은 사용하지 않는다. 그다음 '인지한 것'에 대해서 알게 된 것을 바탕으로 수학 개념인 '각'을 정의한다. 교과서에서는 정의라는 표현을 따로 쓰지 않고 색, 네모 박스 등 별도로 구별되는 것으로 나타낸다. 그림과 함께 '각'을 아래와 같이 설명한다.

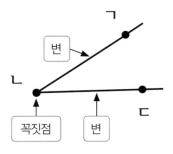

한 점에서 그은 두 반직선으로 이루어진 도형을 각이라

고 한다. 그림의 각을 각ㄱㄴㄷ 또는 각ㄷㄴㄱ이라 하고, 이때 점ㄴ을 각의 꼭짓점이라고 한다. 반직선ㄱㄴ과 반직선ㄴㄷ을 각의 변이라고 하고, 이 변을 변ㄱㄴ과 변ㄴㄷ이라고 한다.

그리고 마지막으로 몇 가지 활동을 통해서 각을 찾아보고 각의 개념을 익히도록 한다. 이때 반복해서 직관과 수학 개념을 함께 이해시킨다.

각이 그려진 문제를 보면서 각을 찾으라고 하면 잘 찾는다. 그래서 각인지 헷갈릴 것 같은 그림을 가리키며 "○○은 왜 각이니?"라고 물으면 소수의 아이들만 각의 개념을 말한다. 즉, 문제를 풀면서 직관적으로 답은 잘 찾을 수는 있지만, 수학 개념을 충분히 이해하지 못했기 때문에 왜 그런지는 답을 할 수 없는 것이다. 이런 상황에서 개념이 포함된 서술형 문제를 풀도록 하면 답을 찾을 수 없고, 수학을 어려운 것으로만 느끼게 된다.

그리고 이렇게 수학 개념을 이해 못 하는 경우는 '도형' 영역뿐만 아니라 수학 전 영역에서 나타난다. 초등수학의 개념이 직관을 좀 더 이용하여 설명하고 있지만, 학년이 올라갈수록 직관으로 알게 된 것을 수학적 용어와 기호를 사용하여 말과 글로 된 개념화를 해야 하는 것이다. 아이들의 언어 능력이 더 요구되는 상황이다. 초등학교 수학이지만 수학 개념에는 많은 함축적, 수학적 용어를 사용하고 있다. 위의 예시를 들어 조금 더 설명하겠다.

각의 개념을 말하면서 '반직선', '도형', '점', '꼭짓점', '변' 등의 수학 용어를 사용하고 있다. 지금 읽고 있는 독자들도 위에 나열한 수학 용어의 개념을 명확하게 이해하고 알고 있는가? 아이들은 어떠할까?

그래서 초등수학에서는 수학의 개념을 직관이나 구체적인 조작 활동으로 이해시키려고 한다. 직관(直觀, intuition)은 감성적인 지각처럼 추리, 연상, 판단 등의 사유 과정을 거치지 않고 즉, 어떻게 지식이 취득되는가를 이해하지 않고 대상을 직접적으로 파악하는 것을 말한다. 예를 들면 왼쪽에는 작은 봉지에 사과가 2개 묶여져 있고 중간에는 작은 봉지에 사과가 3개 묶여져 있고 왼쪽에는 큰 봉지가 그려져 비어있는 것을 본다면 왼쪽 큰 봉지에 사과가 5개 그려져야 한다는 것이 바로 머릿속에 떠오르는 것이다.

초등학교 학생의 사고 수준에 비추어 볼 때 추상화된 개념, 형식화된 논리를 강조하기보다 구체적인 조작 활동이나, 실험, 실제 측정에 의한 직관적으로 대상을 관찰하여 생각하는 힘을 기르도록 하는 것이다.

수학적 사고가 직관과 개념을 이용한 논리의 상호작용이지만, 초등수학에서는 직관을 더 많이 적용하여 가르친다. 그리고 학년이 올라갈수록 직관에서 개념을 이용한 논리로 사고할 수 있도록 하는 것이다. 초등학교 수학에서 개념을 직관으로 가르치기 때문에 아이들이 수학 개념이라는 것을 인식 못 하기도 하고, 직관으로 익힌 수학 개념을 말과 글로 추상화하는 과정이 더 필요한 것이다. 보통 3학년부터 수학 개념을 추상화시키는 과정이 시작되는데, 이때 언어 능력, 어휘와 문해력의 확장과 함께 수학 개념의 추상화를 할 수 있도록 아이들이 연습할 필요가 있다.

수학을 이야기하면 끊임없이 수학 개념이라는 말을 듣게 된다. 그럼 수학 개념은 무엇인가? 수학강사 〈정진우 블로그〉에서 다음과 같이 설명하고 있다.

"수학의 기본이 되는 숫자는 태초부터 존재했던 것이 아니다. 인간들이 생활하면서 만들어낸 '약속'이다. 원활한

소통을 위해 개수를 표현하고 더하고 빼고 나누고 곱하는 의미를 표현하기 위해 인간들끼리 약속한 것이다. 예를 들어 더하기를 십자 모양으로, 빼기를 일자 모양으로 한 것도 약속이다. 개수를 표현하는데 매번 손가락을 사용하거나 그림을 일일이 그리기에는 너무 불편했기 때문이다. 십자 모양이든 일자 모양이든 모양은 중요하지 않다. 왜냐하면 기호는 약속하기 나름이기 때문이다."

수학은 이렇듯 약속을 기반으로 하는 학문이다. 수학 교과서나 기본서에 '이런 약속들을 알기 쉽게 풀어서 설명해 놓은 부분이 바로 개념'이다. 예를 들어 '세 변의 길이가 같은 삼각형을 정삼각형이라 하기로 하자', '원은 평면 위의 한 점으로부터 같은 거리에 있는 점들의 집합이라 하기로 한다'와 같이 약속을 하는 부분을 말하며 중·고등학교에서는 '정의'라고 부르기도 한다.

위에서 설명한 것처럼 수학 개념은 약속들을 알기 쉽게 풀어서 설명해 놓은 것이다. 약속을 잘 알아야 잘 지킬 수 있다. 신호등을 예를 들면 '초록불'이면 간다. '빨간불'이면 멈춘다. '노란불'이면 주의한다는 사회에서 약속을 하고 그 사회에 속한 모든 사람들은 그것을 지키기 때문에 자동차가 다닐 수 있고 사람이 건널 수 있는 것이다.

수학도 마찬가지이다. 수학도 수학 개념이 명확해야 어떻게, 어디에서, 얼마나, 언제 사용할지를 결정할 수 있고 틀리지 않는다. 수학 개념은 수학 공부를 함에 있어서 수학적 약속을 익히는 것이고 수학이라는 세계에서 사용하는 언어를 익히는 것임을 알아야 한다.

새로운 언어를 익힌다는 것은 쉬운 일은 아니다. 부단히 연습하고 사용하여 틀린 것을 수정하여 수학적 언어가 익숙해질 때 수학 세계에서 쉽게 사용하고 수학적 소통을 가능하게 한다. 우리 아이들에게 수학적 소통이 가능하도록 수학 개념을 충분히 익히도록 해줘야 한다.

수학은 생각하기 위한 과목이다

항상 수학을 이야기할 때 '수학 개념'과 함께 '수학적 사고력'을 언급하고 있다. 2015 개정 초등학교 수학과 교육과정에서 목표는 다음과 같다.

"수학의 개념, 원리, 법칙을 이해하고 기능을 습득하며 수학적으로 추론하고 의사소통하는 능력을 길러, 생활 주변과 사회 및 자연 현상을 수학적으로 이해하고 문제를 합리적이고 창의적으로 해결하며, 수학 학습자로서 바람직한 태도와 실천 능력을 기른다."

여기서 '수학적으로 추론하고, 생활 주변과 사회 및 자연 현상을 수학적으로 이해하고 문제를 합리적이고 창의적으로 해결하며'라는 부분이 수학적 사고력을 말한다. 한마디로 수학은 '수학적 사고력'을 기르기 위한 과목이다.

초등학교에서 수학교육의 필요성은 앞서 잠깐 언급했다. 교육과정에 나타난 그중에서 '도야적 가치'를 살펴보면 수학적 사고력을 얼마나 강조하는지 알 수 있다. 학생들은 수학을 학습함으로써 일반적인 정신 기능이나 사고 능력의 향상을 경험하게 된다. 이러한 측면을 수학 교육의 도야적 가치라고 할 수 있다. 즉, 수학은 수학을 학습하는 학생들에게 논리적으로 추론하는 정신력을 훈련하는 소재가 될 수 있으며, 엄밀성, 간결성, 논리성, 일반성이 포함된 수학적 추론 과정을 통해 학생들의 사고 능력이 향상된다.

또한 수학적 활동은 집약적이고 밀도 높은 지적 사고 활동이므로 수학 학습을 통하여 학생들은 일반적 정신 집중 능력을 높일 수도 있다. 더불어 학생들은 수학적 문제 해결을 위해 자신의 지식을 적절히 종합하고 필요한 지식이나 아이디어를 문제 해결에 적용하고 검토해 보며 창조적, 발견적 사고 기능을 신장시킬 수 있다. 이 외에도 수학 학습은 자신의 지적 능력을 반성하고 확인함으로써 자신의 능력을 성찰하는 기회를 제공한다.

위에서 수학교육의 필요성으로 도야적 가치를 언급하고 있지만, 그 내용을 보면 '논리적으로 추론하는 정신력 훈련', '수학적 추론 과정', '집약적이고 밀도 높은 지적 사고 활동', '일반적 정신 집중 능력', '창조적, 발견적 사고기능' 등을 나타내고 있는데 이것이 '수학적 사고력'의 총합이라고 보면 된다.

교육과정에 나타난 '수학적 사고력'에 대해 좀 더 구체적으로 살펴보자. 수학적 사고는 수학 활동의 과정이다. '수학적 사고'는 수학적인 문제 상황을 해결하기 위한 사고를 말한다. 이는 '내용적 측면'과 '기능적 측면'으로 나눌 수 있는데, 내용적 측면의 사고는 집합적 사고, 함수적 사고, 도형적 사고, 통계적 사고 등이 있으며, 기능적 측면의 사고로는 직관과 논리, 가역적 사고, 귀납적 사고, 연역적 사고, 유추적 사고 등이 있다.

내용적 사고는 수학 각 영역별 내용을 다루면서 그 영역에 대해서 깊이 알아가면서 배우는 것이고, 기능적 사고는 수학적인 문제 상황을 해결하기 위한 말 그대로 기능이다. 그러나 여기서 말하는 기능은 우리가 생활에서 말하는 기능의 의미보다는 논리적인 사고를 하기 위한 체계적인 사고를 말한다.

기능적 사고는 직관과 논리, 가역적 사고, 귀납적, 연역적, 유추적 사고가 대표적이다. 먼저 직관과 논리는 위치적 기수법의 기초가 되는 '0'이나 분수, 소수 등은 우연적 발상적인 직관에 따른 것이고, 논리는 이론의 근거가 분명하고 정확하며 직관적 발상을 정교화하는 것으로 분석적, 단계적으로 가정에서 결론을 이끌어나가는 것이다.

가역적 사고는 어떤 변화가 일어난 상태에서 그 변화를 역으로 돌려 원래의 상태로 되돌릴 수 있는 사고능력이다. 예를 들어 곱셈과 나눗셈의 관계를 구하려면 가역적 사고가 필요하다.

마지막으로 귀납적, 연역적, 유추적 사고다. 귀납적 사고부터 살펴보면 개개의 구체적이거나 특수한 사실에서 공통 요소를 찾아내 일반적인 원리나 법칙을 끌어내는 사고 방법이다. 예를 들어 '삼각형의 세 각의 합은 180도이다'라는 원리를 학습할 때 이 원리에서 시작하는 것이 아니라 다양한 삼각형의 세 각을 직접 재어 합한 후 그 합이 180도임을 확인하면서 '삼각형의 세 각의 합은 180도이다'를 직접 찾아내는 것이다. 특히, 발달단계를 고려하여 초등학교에서 구체적인 조작 활동, 실험, 실제 측정을 통해 귀납적 사고를 익힌다.

연역적 사고는 일반적인 명제나 보편적 원리나 법칙을 전제로 보다 특수하고 개별적인 명제 또는 특수 원리나 법칙을 끌어내는 사고 방법으로 특수화, 수렴의 역할을 한다. 초등학교에서는 미리 이해한 기본적인 계산의 원리나 법칙을 여러 가지 상황에 적용하는 기초적인 형태의 연역적 사고를 훈련한다.

유추적 사고는 유비 추리의 준말로 이미 확보된 성질이나 명제의 몇 개의 유사점을 기초로 특정한 사실에서 그와 유사한 다른 특수한 사실의 성질을 추론하는 방법이다. 예를 들어 직사각형의 넓이를 단위넓이의 개수로 구하는 것으로부터 직육면체의 부피를 단위 부피를 이용하여 구하는 방법을 이끌어 내는 것이다. 이 유추적 사고는 모든 교과에 폭넓게 이용되어 사고력 훈련을 하고 있다.

다시 한번 확인하자면 수학은 사고력을 키우기 위한 과목이고 특히, 수학적 문제 상황을 이용하여 '수학적 사고력'을 훈련시키는 과목이다. 수학에서의 사고력은 필수, 불가분의 관계인 것이다. '수학적 사고력'은 수학에 조금이라도 관심을 가진 사람들에게 나름의 경험과 식견을 제시해 주고 있다. 그중에서 장연희 저자의 〈초등수학은 사고력이다〉에서는 '수학적 사고력'에 대해서 다음과 같이 말하고 있다.

> "수학은 생각하고 풀면 틀리지 않는다. 그런데 생각하지 않고 푸는 아이가 너무 많다. 생각 없이 배운 대로 풀고는 틀린다는 말이다. 정말 수학 잘하는 아이는 자기 생각으로 푼다. 그런 아이로 만들려면 당연히 생각하기의 힘을 키워야 한다. 사고력 수업이란 마법 같은 방법만 알면 어떤 아이라도 생각의 힘을 키워 수학을 잘하게 할 수 있다. 사고력이 아닌 수학은 없고, 사고력이 되면 수학을 못하고 싶어도 못할 수 없다."

수학은 생각을 하면서 풀면 된다고 했다. 생각하는 활동이 '사고(思考)'인 것이다. 생각하는 활동을 열심히 해서 생각의 힘을 키우면 수학을 잘할 수 있게 되는 것이다. 생각을 키우기 위한 수학을 적극적으로 활용하는 것도 수학 실력도 키우고, 수학적 사고력도 향상시키는 방법이 될 수 있다.

프랑스의 과학자이자 수학자이자 사상가인 파스칼의 유명한 명언 '인간은 생각하는 갈대'라는 말을 통해 인간은 매우 작고 연약하지만, 동시에 생각하는 능력을 가지고 있어 인간이 생각의 힘을 사용하여 세상을 변화시킬 수 있다고 하였다. 교육을 통해 하고자 하는 것도 세상을 변화시키는 힘을 키우고자 함이다. 그래서 우리 어른들은 수학적 사고력은 비단 수학적 실력을 향상시켜 수학 점수를 잘 받고자 함을 넘어 우리 아이들이 세상을 변화시키는 주체적 능력을 기르고자 함을 알고 포기하지 말고 최선을 다해서 도와줘야 된다.

수학, 왜 틀린 문제를 또 틀릴까?

4학년을 맡을 때 수학 오답노트를 시킨 적이 있다. 그런데 한 아이가 계속 풀이 과정과 답을 틀려서 왔다. 그래서 그 아이를 옆에 앉히고 틀린 문제를 같이 푼 적이 있다. 이때 제일 먼저 하는 일이 문제를 읽는 일이다. 그 아이가 문제를 읽었다.

내가 먼저 하는 일은 그 아이가 발음을 정확하게 문제를 읽는지 살피는 일이다. 그 아이는 문제를 소리 내어 정확한 발음으로 자연스럽게 읽었다. 정확한 발음으로 자연스럽게 읽는다는 것은 문장을 읽을 수 있다는 것으로 판단한다. 4학년인데 당연히 자연스럽게 정확한 발음으로 읽을 줄 알아야 되는 것 아니냐고 생각하겠지만 교실에서는 조금 다르다.

다음으로 읽은 글의 의미를 물어본다. 그 아이는 제대로 대답하지 못했다. 다시 읽어보라고 했다. 그리고 그 뜻을 물었다. 그래도 답을 하지 못했다. 또다시 읽어보라고 했다. 그리고 또다시 그 의미를 물었다. 그제서야 그 뜻의 일부를 이야기한다. 무엇이 문제일까?

이 아이의 경우는 문제를 건성으로 읽어서, 그것도 계속적으로 건성으로 읽어서 문제를 못 푼 경우이다. 그렇다면 문제를 건성으로 읽는 것이 원인이 다일까? 그건 아니다. 보통 서술형 문제를 자꾸 틀리는 경우는 크게 2가지로 나뉜다. 문해력이 없어 문제의 뜻을 이해 못 하는 경우와 문해력은 있지만 수학 개념 등 수학적 지식을 충분히 갖추지 못한 경우이다. 초등학생의 경우 문해력이 부족한 경우가 더 많다. 위의 아이의 경우 문해력이 부족하기 때문에 건성으로 읽고 그 뜻도 이해하지 못한 것이다.

문해력이 부족하면 서술형 같은 긴 글을 포함하는 문제는 문제를 이해하는 것조차 힘들다. 두 감각 등 수학적 재능이 있어도 문해력이 없으면 문제의 의도를 파악할 수 없기 때문에 정확한 답을 찾을 수 없다.

초등공부 수학문해력 하나로 끝난다

특히, 초등학교 시절은 문해력의 바탕을 갖추는 시기이면서, 수학적 사고가 직관에서 추상화와 형식화로 이동하는 시기이므로 문해력이 안되면 수학도 많이 어려울 수 있다. 앞에서 살펴본 바와 같이 수학은 고도의 상징체계로 수학적 기호와 약속이 많은 과목이다. 내 아이가 수학을 잘했으면 하는 부모님은 반드시 아이의 문해력을 점검해야 된다.

서술형 문제의 유형은 정형 문제와 비정형 문제로 나눠볼 수 있다. 정형 문제는 이미 학습한 수학적 개념, 원리, 법칙을 적용하여 이미 알려진 절차에 따라 해결할 수 있는 문장제를 말한다. 정형 문제는 주로 일 단계와 다단계 문제로 구분할 수 있다.

비정형 문제는 교과서를 통해 학습한 수학적 개념, 원리, 법칙 등으로 수학적 지식이 뒷받침되어야 하지만, 이들을 기계적으로 적용하는 것이 아니라 이들 중에서 몇 가지를 복합적으로 적용하여 해결하되 이미 알려진 절차뿐만 아니라 학습자의 창의적인 아이디어가 요구되는 유형의 문제이다.

대부분의 아이들이 어려워하는 서술형 문제가 비정형 문제 유형이다. 앞서 배웠던 지식을 활용하여 나만의 방식을 적용하여 문제를 해결해야 한다. 앞서 배운 지식은 충분히 내재화가 되지 않아 잘 모른다. 적용해야 되는 몇 가지 복합적인 개념이나 원리는 논리력이 부족하거나 적용되는 수학 개념이나 원리를 어떤 순서로 배열해야 되는지를 모른다.

서술형 문제는 배운 내용의 심화와 복합화로 되어 있는데, 아이는 기본 문제에 대해서만 문제를 많이 풀어 익숙하고, 앞서 배운 내용들이 체계화와 구조화가 되어 있지 않아 적용을 할 수 없는 것이다. 특히, 초등학교에서는 문해력을 갖추는 시기이고 수학의 개념, 용어, 기호, 원리, 법칙이 익숙하지 않기 때문에 선행보다는 심화학습을 해서 수학 기호, 용어, 개념들을 쉽게 사용할 수 있도록 하는 것이 필요하다.

초등학교는 이제 수학의 나라에 들어가서 수학 언어의 단어(수학 용어) 몇 개 배우고, 겨우 1~3형식 문법(수학 개념, 원리, 법칙)을 배웠을 뿐이다. 한 마디의 언어(수학 문제)라도 아이 스스로 하려면 배운 단어와 문법을 복습하는 것이 나은가? 아니면 선행을 해서 더 어려운 단어와 문법을 배우는 것이 나은가?

앞서 사례에 대해서 조금 더 이야기해 보겠다. 문제를

자꾸 틀려 몇 번의 반복을 통해 스스로 깨달을 수 있도록 지도했다. 그러나 그 아이의 반응은 바로 짜증을 내거나 울음으로 나타낸다. 공부 습관이 안 잡혀서 그런 것이다. 공부는 문제를 해결하는 과정이다. 즉, 문제는 어떤 해답을 찾아야 되는 상황으로, 그 상황을 파악하고 올바른 길(해결 방법)을 찾다가, 찾지 못하고 당황하거나 어떤 장벽을 느껴 새로운 풀이 방법을 고안하고 시행하는 탐구 과정이다. 또 시행함에 있어 반성을 통해 또 다른 방법을 고안하고 적용하는 여정인 것이다. 한 번 해보고 안 된다고 포기하며, 여러 번을 하더라도 본인의 의지가 아닌 다른 사람에 의해 이끌려 왔다면 언제든지 중도에 포기하고 만다.

서술형 문제는 더욱더 그러하다. 요즘 아이들은 인내심이 참 없다. 아이들에게 자신의 의사와 감정을 표현하도록 교육을 시키지만 공부에서는 반드시 인내심이 필요하다. 인내심은 끈기와 집중력과 관련 있다. 평소 인내심이 부족하다면 공부를 시작한다고 한 후 몇 분 후에 포기하는 것이다. 인내심은 괴로움이나 어려움을 참고 견디는 마음으로 인내심이 강한 사람은 어떤 어려움에서도 긍정적으로 상황을 해결한다. 인내심 기르기는 공부를 하는 학생들에게 꼭 필요한 부분이다.

공부를 잘하는 아이들의 특징 중 하나는 끈기와 인내심을 가지고 있다는 것이다. 그래서 오랜 시간 끈기 있게 공부하는 것이다. 공부를 잘하는 비법으로 '공부는 엉덩이 힘'이라는 말을 들어 본 적이 있을 것이다. 이것은 누가 오랫동안 끈기 있게 책상에 앉아 책을 볼 수 있냐가 중요하다는 것이다. 집중력 있게 공부하는 것과 함께 기본적으로 공부 시간을 확보해서 끈기 있고 인내심 있게 하는 것도 필수불가결한 요소이다.

서술형 문제를 풀 때도 이 끈기와 인내심이 필요하다. 서술형 문제는 심화와 복합적 원리가 들어 있는 문제이다. 단순한 원리가 적용된 문제에 비해 더 많은 시간과 노력을 필요로 하는 것이다. 끈기와 인내심이 없다면 서술형 문제는 항상 틀리는 문제가 될 수밖에 없다.

서술형 문제는 복합적인 수학적 내용, 원리, 개념이 들어간 문제이다. 또한 서술형 문제를 해결하는 데에는 문해력, 심화학습, 인내와 끈기 등의 복합적 요소가 포함되어 있다. 서술형 문제를 해결하는 데는 문제를 끝까지 정확하게 읽어 내는 능력인 문해력이 필요하다. 또, 수학 개념을 충분히 다루고 적용시켜 본 심화학습이 필요하다. 또, 내가 반드시 이 문제를 해결하고야 말겠다는 끈기와 인내심이 필요하다.

교육과정에서 미래 사회의 인간상을 길러내기 위해 서술형 문제를 확대하고 강화시킨 이유이다. 우리 아이들이 서술형 문제를 잘 풀도록 노력을 했으면 좋겠다. 수학 점수도 올리고, 미래 사회에 적응도 잘할 수 있도록.

수학은 논리적 언어체계이다

논리적이라는 표현을 쓸 때 우리는 수학의 특성으로 인식을 많이 한다. 그처럼 수학은 논리적인 체계가 바탕이 된 학문으로 옛날 고대 철학자들도 수학을 열심히 탐구했다. 수학교육에서 논리적이라는 것에 대해서도 알아볼 필요가 있겠다. 교육과정에서는 수학의 논리성을 다음과 같이 설명하고 있다.

수학에서의 논리성이란 수학적 지식이 위계적, 누적적으로 정리될 때 누적되는 순서는 연역적인 논리를 따른다는 것을 말한다. 초등학생들의 발달 수준을 고려할 때 초등학교에서 형식화된 논리를 지도하기는 어렵지만, 이후 중·고등학교에서 논리적 사고력을 신장할 수 있도록 기틀을 마련해 주어야 한다.

또한 직관과 논리는 서로 상보적이기 때문에 직관을 기르기 위해 구체적인 조작 활동이나 실험을 통해 직관적으로 대상을 보고 사고할 수 있도록 돕는 것이 필요하다. 논리적인 사고력을 육성하기 위해서는 수학적 개념이나 성질 등에 대한 자신의 생각을 논리적으로 설명하거나 표현하도록 하고, 상대방의 주장을 논리적으로 반박하면서 자신의 주장을 정당화하도록 지도할 필요가 있다.

교육과정에서 설명하고 있는 것처럼 발달단계상 초등학교 수학에서 논리적인 교육은 어렵다. 그러나 초등수학을 바탕으로 중·고등 수학을 공부해야 하는 만큼 그 기초를 다지는 교육을 하도록 되어 있다.

수학 교육과정에서 제시된 논리적인 사고력 육성을 위한 방법은 수학적 개념이나 성질 등에 대한 자신의 생각을 논리적으로 설명하고 표현하도록 되어 있다. 즉, 논리적인 사고력은 결국에는 언어능력이 바탕이 되어야 길러질 수 있음을 말하고 있는 것이다. 논리적 설명은 그 어휘나 문장력이 있어야 자신의 주장을 정당화할 수 있으며, 상대방의 주장을 논리적으로 반박할 수 있다. 결국 수학은 논리적인 언어체계인 것이다.

또한, 개정 교육과정에서 수학교육을 통해 기르고자 하는 능력 중에 하나인 수학적 의사소통 능력도 수학적 문제 상황에 대해 언어능력을 바탕으로 앞뒤 문맥과 맥락적 상황을 이해하고 소통해야만 가능하다.

앞서 수학 개념과 수학적 사고력을 이야기하면서 끊임없이 언어능력 즉, 문해력을 이야기했다. 그렇다면 국어에서의 논리력과 수학의 논리적 사고력은 관계가 있을까? 많이 들어본 이야기부터 해보겠다.

인생은 B(birth)와 D(death) 사이의 C(choice)다! 우리의 삶은 우리가 마주하는 여러 가지 선택의 기로에서 어떤 것을 선택하고, 어떤 것을 버리느냐의 연속이다. 이런 선택의 기로에서 우리의 선택이 옳았음을 믿게 해주는 적절한 근거가 필요하다. 그래야 우리가 논리적으로 바른 선택을 한 것을 입증받는다. 〈논리는 나의 힘〉의 저자인 최훈은 논리적 사고력에 대해서 다음과 같은 이야기를 했다.

"앎을 다루는 방식의 차이가 '논리'라고 했다. 어떤 주제에 대해 논리적인 사람은 사실 그 분야에 대해 많이 아는 사람이다. 다른 사람과 논쟁에서 지는 것도 그 주제에 대해 잘 모르기 때문이다. 그러므로 일단은 그 주제에 대해 많이 공부하는 것이 중요하다. 그다음에 똑같이 알더라도 그 앎을 다루는 방식에서 차이가 날 수 있는데, 그게 '논리적 사고'이다."

주장을 할 때 '근거'를 가지고 주장하는 것과 '그냥' 주장하는 것은 다르다. 근거를 가지고 하는 것은 '논리적'이고 그냥 주장하는 것은 '비논리적'이다. 또 하나 중요하게 생각해야 할 것은 '일단 그 주제에 대해 많이 아는 것'이다. 같은 책에서 예를 좀 더 살펴보자.

> 준호 : "상태야! 니 아시아의 물개 조오련하고 바다거북이하고 헤엄치기 시합하믄 누가 이기겠노?"
>
> 상태 : "조오련"
>
> 종호 : "(동수와 준석을 쳐다보며) 그 봐라."
>
> 준석 : "아이다. 거북이가 물속에서는 얼마나 빠른데… 거북이가 이긴다."
>
> — 영화 〈친구〉 중에서

상태는 아무런 근거를 대지 않고 조오련이 이길 것이라고 말하고 있다…(중략) … 반면 다른 친구 준석은 비록 거북이가 땅에서는 느려도 바다에서는 빠르므로 바다거북이 이길 것이라는 나름대로 근거가 있는 이유를 대고 있다.

논리적 사고 또는 비판적 사고란 대단한 것이 아니라 바로 이렇게 주장을 할 때 어떤 이유 또는 근거를 제시하는 것을 말한다.

수학의 논리적 사고와 비교하여 어떠한가? 앞서 또 하나 중요하다고 했던 '일단 그 주제에 대해 많이 아는 것'을 '수학 개념, 원리, 법칙 등을 많이 아는 것'으로 바꾸면 수학의 논리적 사고는 수학의 개념, 원리, 법칙을 많이 알고, 주장이 옳다고 할 때(답이 맞다고 할 때) 그 근거(수학 개념, 원리, 법칙)을 들어서 주장하면 된다.

국어가 논리적 사고의 힘이 높다면 수학의 논리적 사고는 수학 개념, 원리, 법칙만 갖춘다면 좀 더 쉽게 높일 수 있고, 수학도 좋은 점수를 받을 수 있을 것이다. 그래서 계속 언어능력 즉, 문해력을 주장해온 것이다. 그리고 처음에도 이야기한 것처럼 국어는 도구 교과로써 국어라는 도구가 충분하면 수학이라는 밭을 쉽게 갈 수 있다. 2020년 10월 19일 자 〈한겨레〉 최수일의 '웃어라 수포자'에 연재된 내용을 통해 수학 논리적 사고의 필요성을 알 수 있다.

> "수학은 문제 풀이 기술을 가르치는 과목이 아니라 논리적 사고를 가르치는 과목이라는 것에 대부분 동의할 것이다. 그런데 실제 아이들의 수학 공부는 문제풀이 기술을 익히기 위해 수많은 문제를 반복해 푸는 식이다. 이는 수학을 논리적 사고를 익히기 위한 과목이 아니라 경쟁에서 이기기 위해 점수를 따는 과목으로 생각하기 때문이다… (중략) … 스마트폰 등장 이후 디지털에 의존하는 상황이 급격하게 늘어나면서 수학이 일상화되고 있다. 이런 세상에서는 문제 풀이 기술이 수학의 전부일 수 없다. 엄청난 정보의 홍수 속에서 그들 사이의 관계를 연결하는 논리적인 사고 능력이 절실하다. 지금의 성인과 달리 자라는 아이들이 성인이 되면 논리적인 사고 능력이 곧 경쟁력이 사회를 맞이할 것이다."

수학은 논리적 사고를 가르치는 과목이고, 수학의 시대

가 도래했고, 수학의 논리적 사고력은 미래의 우리 아이들의 경쟁력이 된다고 했다. 과거에는 수학 외 다른 과목을 통해 문해력과 논리적 사고력을 기를 수 있었지만, 디지털 리터러시가 필요한 시대에는 수학의 논리적 사고력은 필수인 시대가 되었다.

수학은 논리적인 언어체계로서 수학교육에서는 논리적 사고력을 기르기 위해 교육과정상 다양한 방법을 마련해 두고 있다. 수학의 논리적 사고력의 힘은 결국 국어의 논리적 사고 등 언어능력에 바탕을 두고 있다. 디지털 리터러시가 필요한 시대에 수학의 논리적 사고력은 필수가 되었다.

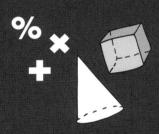

Part 3

수학 공부의 원동력은
성취감에 있다

수학에서 작은 성공을 맛보게 하자

　매년 학급을 맡게 되면 수학의 계산능력 향상과 아이들의 성취감을 위해 자투리 시간을 활용하여 약간의 활동을 한다. 내가 하는 활동은 매일 수학 연산 학습지를 풀리는 것이다. 연산 학습지는 대부분의 선생님들과 부모님들이 하는 활동이라고 생각할 수 있다. 그래서 약간의 나만의 방법을 첨가해서 활용하고 있다.

　시험지를 푸는 것은 똑같다. 이후 채점은 반드시 내가 하고, 약간의 표시를 해준다. 모두 맞으면 '수학신', 1개 틀리면 '수학왕', 2개 틀리면 '수학박사'라고 학습지에 적어서 아이들에게 되돌려 준다. 그리고 틀린 문제는 반드시 다시 풀어서 어디를 틀렸는지 확인하게 한다. 또 3개 이상 틀린 아이는 똑같이 다시 풀어오기를 반복해서 모든 문제의 바른 답을 찾을 수 있도록 한다.

교실에서 실제로 해보면 아이들은 '수학신', '수학왕', '수학박사'에 열광한다. 사실 학습지의 문제 수준은 그냥 딱 기본이다. 대단히 어려운 문제도, 서술형의 복잡한 문제도, 생각을 많이 해야 하는 사고력 문제도 아니다. 그렇지만 아이들은 굉장히 자랑스러워한다.

또 어떤 날은 너무 쉬운 연산 학습지를 할까 말까 고민하다가 그냥 출력한 거라서 아이들에게 하도록 했다. 맨날 틀리는 아이였는데 그날 그 아이 학습지에 수학신이라고 표시된 것을 보고 "나도 수학신이다"라고 자랑하는 모습을 보고 또 한 번 느꼈다. 조금 어려워 하는 아이들도 사실은 수학을 잘하고 싶어하는 마음도 있고 좋은 점수를 받고 싶어한다는 것을 말이다.

5~6학년 같은 고학년은 좀 다르겠지? 알 것 다 알고, 사춘기에 있는 아이들이 학습지에 적어주는 수학신, 수학왕, 수학박사가 어색하고 부끄럽고, 시큰둥하겠지… 나도 처음에는 비슷한 생각을 했다. 그 아이들도 연산 학습지 한 장 풀고 수학신, 수학왕, 수학박사가 아니라는 것은 알고 있

다. 그러나 시도했다. 처음 학습지에 적혀진 수학신, 수학왕, 수학박사라는 표현을 보고 "이게 뭐야~" 친구들에게 "너 수학신 맞아?"라며 놀리듯이 말했지만, 얼굴에는 미소가 지어져 있는 것을 봤다. 그리고 은근히 자랑스러워한다는 것을 알았다.

모든 아이들은 수학에서의 작은 성공에 기뻐한다. 자기 자신을 자랑스러워한다. 뿌듯해 한다. 사실 나도 이렇게 한 이유는 처음엔 '100점' 또는 '20점'과 같은 점수와 맞는 개수를 적어 주었는데, 아이들이 좀 더 즐겁게 공부를 했으면 하는 바람에서 시작했다. 그리고 이렇게 적어준다고 아이들이 좋아할까? 하는 의심도 조금 있었다. 그러나 아이들이 너무 신나하는 모습을 보면 나도 같이 힘이 나고 즐거워졌다. 그렇다. 아이들은 작은 성공에 목말라한다는 것을 깨닫게 되는 순간이었다.

조금은 지루하고 짜증날 것 같은 연산 학습지이지만 아이들은 즐거운 마음으로 공부를 하고 심지어 어떤 날은 도저히 자투리 시간이 나지 않아 못한다고 하면 왜 안 하냐고, 할 수 있다고 스스로 학습지를 요구하기도 한다. 아이들에게 수학의 기쁨을 느끼게 하는 것은 그리 어려운 일이 아니다. 그리고 당연히 수학 성적과 학습태도가 좋아짐을 느꼈다.

매일 자투리 시간에 하는 연산 학습지는 아이들의 학습태도도 바꾼다. 수업 시간에 좀 더 적극적으로 참여하고, 질문도 하고, 문제도 열심히 푼다. 물론 모든 아이들이 짧은 시간에 엄청난 변화가 일어나는 것은 아니다. 그러나 수학 수업 시간이 아이들에게 다시 좋아하는 시간으로 되어간다는 것만으로도 감사한 일이다.

수업에서 도입과 개념 설명이 끝나고 아이들이 개념이 적용된 활동 문제를 풀거나 조금 더 응용된 수학 익힘책을 풀 때면 좀 더 자신감을 가지고 푼다. 이런 문제를 풀고 나서 채점을 할 때는 짝과 바꾸어 바르게 했는지 확인하는데, 어떤 아이의 경우 자기가 푼 문제지 위에 스스로 수학신, 수학왕, 수학박사를 적는 경우도 있다. 그리고 나에게 와서 자신이 수학신임을 자랑한다.

이런 성취감은 수학 개념을 설명할 때 훨씬 더 적극적으로 받아들이고 하나라도 놓치지 않으려는 눈빛으로 바뀐다. 달라진 아이들이 사랑스럽다. 절에 가면 큰 바위 가운데 움푹 패여 구멍이 날 듯한 것을 본 적이 있을 것이다. 그렇게 만든 것은 큰 물이 아니라 한 방울 한 방울 떨어진 작은 물방울이라는 것을 알아야 한다. 2015년 10월 8일 자 〈The Science Times〉 '수학에 대한 자신감, 성적 높인다'는 기고문에 보면 다음과 같은 내용이 있다.

> 미국 워싱턴대 학습과 뇌과학연구소(I-LABS)아리오 츠벤 첵 박사연구팀은 '학습과 교육(Learn and Instruction)' 저널 10월호에 수학이 자신에게 적합하다고 느끼는 정도가 강할수록 수학 성적이 높다는 연구결과를 발표했다. 연구책임자인 츠벤첵 박사는 "학생들이 수학을 어떻게 생각하느냐에 따라 수학 시험 성적이 달라졌다"라고 말했다.

위 연구가 싱가포르 학생 1, 3, 5학년을 대상으로 한 것이기도 하지만 우리나라 아이들에게도 적용할 수 있는 시사점이 있다. 아이들의 수학에 대한 마음가짐이 수학 성적, 태도를 결정하는 데 영향을 준다면 우리는 어떻게 해야 될까? 연구팀의 얘기를 좀더 들어보자.

"초등학생들이 벌써부터 '자신은 수학적인 사람이다, 아니다'라고 생각하고 있다는 사실을 발견하고 놀랐다"고 말했다. 학생들은 어릴 때부터 '수학은 나에게 맞는 과목', '수학은 나와 맞지 않아' 같은 식으로 수학에 대한 자기 적합성을 스스로에게 암시하고 있었다. 그리고 이런 잠재의식이 수학 성적에도 영향을 미치는 것으로 확인됐다. 츠벤첵 박사는 "우리의 연구가 교육현장에도 도움이 되길 기대한다"며 선생님과 부모님이 아이들에게 수학이 자신들에게 맞다고 생각할 수 있도록 긍정적인 자극을 준다면 그들의 수학적 성취도와 흥미를 높이는 데 기여할 것이다"라고 말했다.

나는 교실에서 이 연구결과를 직접 체험했다. 수학에 대한 긍정적 자극이 우리 아이들의 수학 성취도와 흥미를 높인다. 수학 성취감을 높이는 것이 우리 아이들의 수학 실력을 높이는데 반드시 필요하다는 것을 알았으면 한다. 아이들은 매일 푸는 학습지에서도 성취감을 얻을 수 있다. 매일 푸는 학습지를 당연히 푸는 것, 당연히 다 맞추어야 되는 것이라고 얘기하는 것보다 '너무 잘한다', '너무 잘하고 있다'라고 작은 성공에 칭찬하는 것만으로도 가능하다.

또한 아이들의 수학에 대한 긍정적 자극이 우리 아이들의 수학 실력을 키우는 데 도움이 됨을 알아야 한다.

궁금한 것은 못 참아요

초보 교사 시절의 이야기이다. 질문을 자주 하는 아이가 있었다. 보통 아이들은 그 수업 시간에 배운 내용 중에서 궁금한 것을 물어 궁금증을 해결한다. 근데 그 아이는 꼭 가장 기본적인 것에 대한 것을 질문했다. 그 당시에는 그 아이를 이해하지 못했다. 다만, '저 아이는 기초가 부족한 아이구나'라고 생각했다.

지금 생각하면 몹시 부끄러운 일이다. 그 아이는 기초가 부족한 아이가 아니라 수학의 기초를 탄탄하게 다지고 싶어서 했던 자신만의 노력이라는 것을 교사 생활을 더 해보면서 알게 되었다. 지금도 가끔은 그 아이와 같은 아이들을 만난다. 똑같이 비슷한 질문을 하고 이해하기 위해 애쓴다.

그 아이는 수학의 세계를 자신만의 언어와 체계로 이해하고 쌓아가고 있는 것이다.

나는 수학과 중등 2급 정교사 자격증을 가지고 있다. 그래서 초등수학을 가르치는 것은 더 쉬울 것이라고 생각했다. 그러나 중·고등 수학과 초등수학은 조금 그 결이 다르다. 초등수학은 철저히 발달단계에 따른 지도가 이루어져야 아이들이 쉽게 접근할 수 있고, 중·고등 수학은 좀 더 형식화된 가르침이 이루어지기 때문에 초등수학의 기초가 약하면 아예 흥미 자체를 잃어버리기 쉽다.

중·고등 수학은 초등수학의 기초 위에서 지어진다. 초등학교에서 배운 수학의 용어, 기호, 연산의 의미, 영역별 기초 개념 등 바탕 위에서 정의, 정리, 공리 등 더 깊이 있고 세분화된 수학을 배우는 것이다.

처음 초등수학을 가르칠 때는 사실 5~6학년이 더 편했다. 일정하게 훈련된 수학적 수준에서 5~6학년의 수학 개념을 설명하고 적용하도록 가르치면 되기 때문이다. 그러다가 저학년을 맡으면서 이제껏 당연하다고 생각했던 많은 수학적인 것들을 아이들은 이해가 안 되어 힘들어하는 것을 보고 깨달았다.

'초등학교에서 수학의 세계로 처음 들어 오는구나. 많이 낯설고 힘들겠구나.'

우리가 낯선 나라로 여행을 가면 언어도 불편하고, 그 나라의 법과 규칙도 불편하고 어색하여 실수하면서 알아가게 된다. 초등수학도 마찬가지이다. 많은 질문과 궁금증이 생길 수밖에 없다. 그래서 수학도 우리 아이들이 궁금한 것을 반드시 질문하면서 해결하고 가야 두 번 실수를 하지 않는다.

강연이나 수업 말미에 강사가 '궁금한 점 있습니까?', '질문 있습니까?'로 마무리하는 것을 보았을 것이다. 왜 그런 질문을 할까? 강의는 강사의 몫이고, 듣기는 청중의 몫이다. 즉, 가르치는 것은 강사의 이해 체계의 전달이고, 듣는 것은 청중, 듣는 이의 수준에 따라 이해되고 해석되어지는 것이다. 강의를 한 사람은 자신의 의도가 제대로 전달되었는지, 청중의 해석이 제대로 되었는지가 궁금하고, 청중은 자신이 제대로 이해하고 있는 건지를 확인하고 싶은 것이다.

수업 시간에 질문을 하는 것도 같다고 생각한다. 잘못된 이해와 해석을 바로잡아서 그 공부의 본질을 정확하게 이해하고자 하는 것이다. 수학과 과학은 오개념이 많이 생길 수 있는 과목이다. 그래서 끊임없이 질문을 통해 바로잡아야 한다.

수업 시간에 끊임없이 질문하는 아이는 한 단원을 마무리하는 단원평가를 할 때 훨씬 성적이 잘 나온다. 질문을 하면서 자기 자신의 오개념을 바로잡고자 노력했기 때문이고, 이해가 안 된 부분은 보충했기 때문이다.

아이들이 수학에 대한 질문을 할 때는 사소한 것이라도 적극적으로 해결해 줘야 한다. 그래야 오개념도 안 생기지만 자신이 모르는 부분이 무엇인지 파악하고 해결하기 위해 노력할 것이다. 류승재 저자의 〈수학 잘하는 아이는 이렇게 공부합니다〉에서는 아이들의 질문에 관해 다음과 같이 이야기했다.

"제가 문제를 풀어주면 그 풀이를 보면서, 머릿속에서 같이 풀어가고 계산하고 논리를 따라갑니다. 그러다가 잘 이해가 안 가거나, 본인의 논리와 차이가 나는 지점이 있으면 바로 역질문을 합니다…(중략) … 이런 역질문을 하는 학생들은 스스로 생각하고, 문제를 풀어가는 자기만의 명확한 논리에 자신감을 가지고 있기 때문에 앞으로 수학을 잘 해낼 수 있을 것입니다. 역질문을 하는 것도 습관이고 방법입니다. 수학 문제에 대해 호기심을 가지고, '이 설명이 충분한가? 내가 이해 안 되는 부분은 없나?' 하고 계속 스스로를 되짚어보며 역질문을 하는 습관을 기르면 좋습니다."

수학도 결국 자신만의 언어, 이해 체계로 풀어내야 한다. 그렇지 않으면 하나부터 열까지 모두 외워야 한다. 외우는 데는 한계가 있다. 자신만의 논리로 풀어낸다는 것은 자신이 이해를 못 한 부분은 수학 문제를 풀 때 그 개념을 적용 못한다는 것이다. 그래서 내가 배운 수학 개념을 활용하기 위해서는 이해가 안 된 부분은 반드시 질문을 통해 이해를 확인하고 수정하고 정리해야 되는 것이다.

또 질문을 하기 위해서는 그냥 학습하는 것보다 몇 배는 그 내용에 대해서 숙지하고 익혀서 하는것 이기 때문에 많이 학습하고 많이 생각한다. 수학에서도 아이들이 궁금한 것은 질문을 통해 자신의 이해 수준을 점검할 수 있도록 도와야 한다. 아이들이 질문을 통해 궁금증을 해결할 때 수학 실력의 향상이 있는 것이다.

'듣는 것은 보는 것만 못하고 보는 것은 행하는 것만 못하다'라는 말이 있다. 직접 내 온몸으로 체험해야 비로소 내 것이 됨을 뜻하는 말이다. 수학에서 행하는 것은 무엇일까? 내 생각을 내 논리로 펼쳐보는 것이다. 내 논리로 펼쳤을 때 막히는 것은 질문을 통해 해결해 발전해 나가는 것이다. 하루에 한 가지 질문을 하고 그 궁금증을 해결하기 위해 노력한다면 우리 아이들의 수학 실력은 높아질 것이다.

수학에서 질문은 수학을 공부하는 또 다른 방법이다. 우리가 낯선 세계를 갈 때 질문을 하면서 그 세계를 배워간다. 수학이라는 세계도 마찬가지이다. 많은 질문을 해야 쉽게 알고, 빨리 알 수 있다.

질문은 새로운 것을 이해하는 것뿐만 아니라 잘못된 이해를 확인하고 바로잡는 데도 유효하다. 잘못 알게 된 것은 질문하지 않으면 고칠 수 없다. 질문은 자신의 논리체계를 확인하는 방법이기도 하다. 선생님이 풀어주는 논리체계를 자신의 논리체계와 비교하여 자신의 사고체계를 되짚어 자신만의 논리체계를 만들고, 자신감을 가질 수 있도록 해야 한다. 그리고 그 질문을 하기 위해 더 많은 생각을 하여야 한다.

수학 문제를 잘 풀면 신이 나요

　수학 시간에 문제를 잘 푸는 아이들은 목소리부터 다르다. 수업 시간에도 뭐든지 자신감 있게 발표한다. 수학이 수능에서 중요하고 원하는 대학에 가는 중요한 과목이라는 것을 알기 때문일 것이다.

　초등학교에서 중간시험, 학기말시험이라는 것이 없어진 지는 조금 되었다. 아이들이 너무 좋아했다. 시험문제를 출제하는 교사 입장에서도 중간시험과 학기말시험은 어려움이 있었다. 교육과정에서 평가해야 되는 것은 각 과목의 핵심 내용을 이해하고 성취 했는가이지만 항상 시험은 시험 점수로 끝난다. 그래서 지금은 과정평가와 수행평가로 대체되어 실시되고 있다.

과정평가를 하면서 주요 과목에 대해서 각 단원이 끝날 때마다 단원평가를 실시한다. 그 단원의 핵심 내용과 성취해야 될 내용을 학생이 어떻게 알고 있는가를 알기 위해서이다. 수학도 매 단원이 끝날 때마다 단원평가를 실시하고 그 결과를 집으로 보내 부모님께서 확인하도록 하고 있다. 그래서 수학 단원평가를 할 때마다 아이들은 몇 가지 질문을 한다. 수학 시간에는 잘 안 하던 아이도 꼭 물어본다.

제일 많이 하는 질문은 '수학 단원평가를 하느냐'이다. 몇 번씩 물어보고 또 그 질문하는 아이들이 많다. 그다음에는 '언제 하느냐'와 '시험 치고 나서 바로 시험지를 주냐'는 질문이다. 그 외에 '문제가 어렵냐', '범위가 배운데 서만 나오냐' 등이다. 수학 단원평가에 아이들이 이렇게 많은 관심을 보이는 것은 여러 가지 이유가 있지만, 아마 부모님들이 아이들의 수학 성적에 관심이 많은 것과 아이들 자신의 수학 성적을 통해 자신의 성취감을 느끼고자 함이 아닐까 생각한다.

수학 단원평가에서 좋은 성적을 받은 아이들은 너무 신나고 즐거워한다. 다른 과목에 비해 감정의 표현이 더 강하다. 이런 모습을 보고 있을 때마다 '아이들이 수학을 잘하고 싶어 하는구나'를 느낀다. 학년이 올라갈수록 수학에 대해 부담감을 가지지만 또한 수학 성적을 통해서 자신의 정체성과 자신감을 가지는 모습을 보면 수학 공부에 대한 원동력은 성취감이라는 것을 알게 된다. 그리고 좀 더 많은 아이들이 성취감을 느낄 수 있는 수학 공부를 하게 하는 방법은 무엇일까를 고민하게 된다. 모든 과목의 성적이 좋으면 좋지만, '수학 성적'은 좀 더 아이들에게 자신감을 주는 과목이다.

초등학교에서 수학 개념의 학습은 쉽지 않다. 초등학교 아이들의 사고 수준은 구체적 조작기이기 때문에 어떤 개념을 학습할 때 추상적인 정의보다는 구체적인 예를 들어 이해하며, 실험, 실측과 같은 구체적인 활동을 해서 개념 이해를 돕는다.

'개념'이란 다양한 사실이나 현상들을 공통 성질에 따라 범주화한 것으로 정의된다. 수학 개념은 다양한 사실이나 현상들에서 수학적 공통 성질을 범주화한 것이다. 초등학교에서 수학 개념을 가르칠 때는 몇 가지 방법이 있지만 다음 2가지가 대표적이다.

먼저 개념을 정의하고 맞는 예와 아닌 예를 찾아서 알아보고, 좀 더 확대된 개념을 배우고 문제를 통해서 다시 개념을 확인하고 일반화 시킨다. 또는 개념을 정의할 때 필요한 예(맞는 예와 아닌 예)를 제시하고 공통의 성질을 추상화하고 개념을 수학적인 용어와 기호로 정의하고 개념을 적용한다.

이런 과정을 거치면 아이들은 제시된 활동을 통해 개념이 문제에 어떻게 녹아있는지 확인하고, 교과서의 예시 문제를 풀면서 추상적인 개념을 구체화시켜 각자의 방식으로 이해한다. 그러면 기본 개념 학습이 마무리된다. 이후 수학 익힘책을 통해 1~2개의 심화문제를 풀게 된다.

아이들은 보통 기본 개념 학습의 문제는 대부분 잘 풀어낸다. 이때 반복적으로 개념에 대한 이해와 암기를 하도록 하는데 이것이 잘 된 학생은 수학 익힘책의 심화문제를 거뜬히 풀어내면서 머릿속에서 개념이 자리 잡는다. 결국 개념이 잘 형성된 아이들은 심화문제까지 잘 풀어내면서 수학에 대한 자신감을 쌓아가는 것이다.

그래서 수학 수업을 할 때 개념을 설명할 때는 아주 많은 공을 들여서 한다. 한 아이라도 더 이해하면 문제를 잘 풀게 되고, 그것이 심화문제 풀이의 성공으로 이어져 아이의 수학 자신감이 올라간다는 것을 알기 때문이다. 이선영 · 박신자 저자의 〈하루10분의 기적〉에서 성적을 올리려면 작은 성취감을 맛보게 하라고 했다. 이 책에서 소개된 내용을 잠시 소개하자면 다음과 같다.

> "오전 9시 정각에 아침 수학 공부 10분을 알리는 종이 울리면 아이들은 읽던 책을 덮고 수학 문제 풀이 노트를 꺼낸다. 칠판 옆 텔레비전 모니터 화면에 수학 문제 다섯 개가 뜨고 문제를 확인한 아이들은 책상에 엎드려 문제를 풀기 시작한다. 조금 소란스럽던 교실 분위기는 사라지고 노트에 문제를 푸는 연필 소리만 가득하다. 그동안 담임 선생님은 교실을 돌아다니며 아이들 상황을 체크한다. 문제를 다 푼 아이들은 연필을 내려놓고 다시 책을 읽는다…(중략) …"

수업을 시작하기 전에 푸는 문제는 어렵지 않다. 어려운 문제는 학습에 대한 의욕을 떨어뜨릴 수 있기 때문에 전날 배운 수학 문제를 복습하는 정도로 문제를 푼다. 그러다 보니 학생들의 흥미와 학업 성취도가 높아졌다.

책에 나와 있는 사례를 보면 매일 10분 어렵지 않은 수학 문제를 푸는 것을 통해 아이들은 수학에 대한 부담감이 줄어들었다고 한다. 그리고 수학 문제가 잘 풀리고, 틀리는 개수가 줄었다고 한다. 아이들이 수학에 흥미를 느끼고, 제일 좋아하는 과목이 됐다고 했다.

이 책에서 나온 사례를 통해 수학 공부에 대한 인사이트를 얻을 수 있다. 아이들은 많은 공부시간과 어려운 심화문제를 공부하는 것도 필요하지만, 전날 배운 어렵지 않은 복습 문제를 잘 풀 수 있으면 수학에 흥미를 느끼고, 수학이 재미있기까지 하다는 것이다.

어떤 문제이든지 잘 풀리면 신나고 좋다. 이것은 어른도 마찬가지이다. 이제 막 공부라는 길에 들어선 초등학생들에게는 더욱더 그렇다. 우리는 아이들이 수학에 흥미를 느끼고, 수학을 재미있게 하려면 엄청나게 어려운 문제와 기나긴 공부시간을 강요할 것이 아니라 매일 짧은 시간에 어렵지 않은 문제를 통해 아이들이 성취감을 느끼도록 해줘야 한다.

박민수 · 박민근 저자의 〈공부호르몬〉에서 공부가 잘되는 최적의 상태는 공부호르몬이 결정한다고 한다. 그 중에서 도파민은 쾌감에 관여하는 신경전달물질이다. 어떤 대상에 즐거움을 느끼거나 성취감을 느끼면 도파민이 분비되어서 뇌의 보상회로가 활성화된다. 그러면 쾌감과 짜릿함, 흥분을 느끼고 다시 그 행동을 반복하고 싶은 강한 동기가 생긴다. 만약 공부에서 지속적으로 만족과 재미를 느끼면 뇌에서는 공부와 관련된 도파민 보상회로가 형성된다. 또한 도파민은 우리가 배운 내용을 장기 기억에 저장하는 데도 깊이 관여한다.

즉, 수학 문제를 잘 푸는 경험을 제공하면 계속 수학 문제를 푸는 강한 동기가 생기고, 지속적으로 만족과 재미를 느끼면 뇌의 도파민 보상회로가 형성되어 공부호르몬이 나와 공부를 잘하게 된다. 수학을 통해서 성취감을 맛본 아이들은 결코 수학을 포기하고 싶어 하지 않는다. 그 성취감을 또 느끼고 싶어서 아이들이 스스로 더 수학 공부에 열정을 쏟을 지도 모른다.

매일 하니까 자신 있어요

수학을 매일 조금씩이라도 하는 것이 아이들에게 도움이 될까? 매일 10분 정도의 짧은 자투리 시간을 이용하여 아이들의 연산 능력을 향상시키고자 일일 수학을 하면서 가끔 효과가 있는지, 등교하자마자부터 하교 시까지 바쁘게 돌아가는 학교생활에서 안 하면 어떨까 하는 생각을 가졌다.

코로나 때의 일이었다. 3학년을 맡았다. 코로나 상황이 발생하면서 그 상황을 해결하느라 일일 수학에 대해서는 잠시 잊었다. 매일의 수업내용을 만들고, 올리고, 아이들의 등교와 코로나 상황을 체크하느라 정신이 없었다. 코로나 상황의 대응 매뉴얼이 만들어지고 6월부터 아이들이 등교하였다. 그러나 격일제로 등교해서 모든 아이들을 함께 만나지는 못했다. 당연히 기존에 일상적으로 하던 학교 수업 활동이 모두 중단되고, 오프라인 수업과 온라인 수업이 병행되었다. 주로 학교에 와서는 아이들이 수업내용을 어느 정도 이해했는지 관심을 가지고 보게 되었다. 과제를 성실히 해 와서 교육과정의 성취 수준까지는 이해가 된 것으로 파악했다.

2학기 되어 드디어 모두 등교하였다. 모둠활동은 어려워도 그 외 일상적인 활동들이 이루어졌다. 당연히 주요 과목에 대한 단원평가가 실시되었고, 특히 수학 단원평가는 그 결과가 궁금했다. 결과는 충격적이었다. 잘하는 아이 몇 명을 빼고 성적이 너무 안 좋았다. 이렇게 해서 이 아이들이 4학년에 올라갈 수 있을까 걱정이 될 정도였다. 계속 코로나 상황이라 별도의 시간을 만들어 보충을 하는 것은 꿈도 꾸지 못했다.

고민을 하다가 10분 정도면 되는 일일 수학은 가능할 것 같아 아이들에게 하게 했다. 일일 수학을 해보니 아이들의 상태와 수준을 좀 더 잘 평가할 수 있었다. 물론 일일 수학도 처음은 처참한 수준이었다. 그 많던 중간 수준의 아이들은 모두 어디 갔을까?

코로나 상황이라 너무나도 짧은 시간을 학교에서 머무는 아이들이지만 일일 수학을 계속하였다. 한 달쯤 지나자 중간 성적의 아이들이 나타나기 시작했다. 중간 성적의 아이들은 선생님의 독려나 공부 방법을 도와주면 상위 성적을 나타내는 아이들이다. 중간 성적의 아이들이 많다는 것은 조금의 도움을 주면 수학에 흥미를 가져 수포자로 가는 것을 막을 수 있다는 것이다.

코로나 상황을 겪으면서 매일 조금씩 하는 수학의 힘을 느꼈다. 그리고 매일 조금씩에 영향을 가장 많이 받는 아이들이 대부분의 아이들이라는 것도 깨달았다. 최상위와 최하위의 양 극단의 아이들은 항상 존재한다. 그리고 사실 학교나 그 외 영향은 덜 받는다. 그러나 중간층의 아이들은 학교에서 하는 활동, 공부 방법, 태도에 많은 영향을 받는다. 대부분의 보통 아이들이 수학을 잘하려면 매일, 조금씩 하도록 환경을 만들어줘야 한다는 것이다. 앞서 이선영·박신자 저자의 〈하루10분 기적〉의 사례에서 '매일, 조금씩' 하는 것에 대해 좀 더 살펴보면 다음과 같다.

"10분 동안 다섯 문제를 풀기 때문에 아이들은 부담을 느끼지 않아서 좋고, 매일 10분씩 반복해서 풀다 보니 계산 실력도 눈에 띄게 향상되었다. 수학 문제가 잘 풀리고, 틀리는 개수가 줄어들면서 아이들은 수학에 흥미를 느꼈다. 이제 이 학교 학생들에게는 수학이 제일 재미있는 과목이 됐다.”

'매일, 조금씩' 하게 되면 아이들 마음의 부담도 줄어든다. 또 쪽지시험으로 이해해서 부모님께서 성적을 알게 될 것이라는 마음의 부담도 적다. 전날 배운 문제는 아직 기억에 남아 있어 쉽게 느껴진다. 틀린 문제는 바로 확인하고 오답을 수정할 수 있어서 실수를 덜 한다. 매일 할수록 맞는 개수가 많아서 자신감도 생긴다. 수학을 매일 하니까 자신감이 생기는 거다.

공부 이야기를 하면서 '엉덩이의 힘'에 대한 이야기를 많이 들었을 것이다. 내가 아이를 직접 키워 봐도, 직업으로 아이들을 가르쳐도 정말 중요하다고 생각되는 공부를 잘하는 방법 중의 하나다. 류승재 저자의 〈수학 잘하는 아이는 이렇게 공부합니다〉에서는 '엉덩이의 힘부터 길러라'라고 이야기하고 있다.

공부를 열심히 안 하는 학생들과 상담해 보면, 공부를 안 하는 이유에 대해서 대부분 이렇게 얘기한다. "왜 공부를 해야 하는지도 알고, 이렇게 살면 안 된다는 것도 아는데 실천이 안 돼요. 공부하려고 하면 집중도 안 되고, 책상에 오랫동안 앉아 있는 게 너무 힘들어요. 좀이 쑤시고 머리가 아프고 답답해요."

맞다. 내가 만나본 초등학생들도 똑같은 이야기를 하고 있다. 초등학교 발달단계상 집중하는 시간이 학년별로 차이가 나고, 학년이 올라갈수록 집중하는 시간이 늘어난다. 그래서 초등학교에서는 아이들이 좋아하는 활동을 통해서 집중하는 시간 엉덩이의 힘을 늘리려고 노력하고 있다.

또한, 아침독서를 통해 매일 독서하는 습관을 기르도록 하고 있다. 책의 재미에 빠진 학생은 주어진 시간에만 책 읽기를 하는 것이 아니라 틈틈이 짧은 시간에도 책을 읽는다. 이것도 매일 하기 때문에 엉덩이의 힘이 생긴 것이다. 독서를 잘하는 아이들은 확실히 엉덩이의 힘이 강하다. 그리고 어떤 방법을 통해서 길러진 엉덩이의 힘은 공부를 할 때 여러 과목에 전이가 일어나 다른 과목도 잘하게 될 확률이 높다. 한 수학 사교육업체의 블로그의 글을 통해서 수학을 '매일, 꾸준히' 해야 하는 이유를 읽게 되었다. 공감이 가는 내용이라 소개한다.

'가장 먼저 습관을 들여야 하는 것은 매일, 꾸준히 하는 것이다' 이런 문구를 필두로 한국과학영재학교를 수석으로 졸업하고, 프린스턴 대학에 합격한 김현근 학생의 〈가난하다고 꿈조차 가난할 수 없다〉에서 나온 이야기를 예로 들면 수학을 잘할 수 있게 된 것은 뛰어난 머리가 아니라 무식하다 싶을 정도의 '꾸준함'이었다고 소개하고 있다. 그러면서 아래와 같은 문구로 '매일, 꾸준히' 하는 것을 한 번 더 강조하고 있다.

> "수학 공부는 머리가 아니라 엉덩이로 합니다.
> 수학 공부는 머리가 아니라 손가락으로 합니다.
> 수학 공부는 머리가 아니라 몰입으로 합니다.
> 수학 공부는 머리가 아니라 습관으로 합니다."

사교육업체의 홍보문구이지만 수학 공부에 꼭 필요한 말

만 하고 있다. 우리가 매일 보는 얼굴은 어색하지 않게 스스럼없이 말을 걸 수 있듯 수학도 마찬가지다. 아이들이 스스럼없이 수학에 말을 걸 수 있게 매일 하도록 환경을 조성해 줘야 한다. 계단을 오를 때 2~3개씩 오르는 것보다 한 계단을 오를 때 편하고, 중간에 지치지 않는다.

수학도 마찬가지이다. 조금씩 해서 '할 수 있다'는 자신감을 가지게 해 주는 것이 중요하다. 근육을 만들 때도 바로 근육이 만들어진 것을 알 수는 없지만, 시간이 좀 지난 후 튼튼한 근육을 가진 자신의 몸을 발견하면 놀랍고 뿌듯한 자신감도 생길 것이다. 수학도 마찬가지이다. 수학도 근육을 늘리듯 해야 한다. 수학을 매일, 조금씩, 꾸준히 하게 되면 반드시 큰 성취감을 얻을 수 있다.

칭찬의 힘으로 만드는 수학 근자감

'근자감!'

처음 이 말을 들었을 때 그 뜻을 알 수 없어 직접 물어보거나 검색했던 기억이 있다. 원래 근자감의 뜻은 '근거 없는 자신감'이라고 알고 있다. 그러나 나는 이 근자감을 '근거 있는 자신감'으로 바꾸어 말하고 싶다. 학교에서 일일 수학이라는 활동을 통해 많은 효과를 보았다. 일일 수학 활동을 통해 근자감을 높인 사례다.

매년 일일 수학 활동을 하게 되면 수학 근자감을 가지는 아이들이 있다. 처음 활동을 시작할 때는 아이들에게 수학의 근거 없는 자신감만 심어주는 것이 아닐까 하는 우려의 마음이 컸다. 왜냐하면 진짜 실력이 뛰어나지 않은데 연산 학습지에 적어 준 수학신이라는 것만 믿고 수학 공부를 게을리하면 어쩌지 하는 마음이 들어서이다.

그러나 그것은 기우였다. 아이들은 현명했다. 내가 우려한 것처럼 수학 공부를 게을리하는 데 쓴 것이 아니라 '자신이 수학을 잘한다는 믿음을 가지는 것'에 근자감을 사용했다. 수학 공부에서의 사소한 칭찬은 아이들에게 '자신이 수학을 잘한다'고 믿는 '근(거 있는)자(신)감'이 될 수 있다. 수학 공부할 때 칭찬은 '근자감'을 넘어 '믿음'이 되는 것이다.

그후 나는 수학 시간뿐만 아니라 매 수업 시간, 생활지도 시에도 칭찬을 적극적으로 활용하고 있다. 칭찬이 좋다는 것을 알지만 민망하다는 이유로, 아주 사소하다는 이유로, 어색하다는 이유로 잘 못했던 내가 지금은 너무나 즐겁게 하고 있다. 혹시 이 글을 읽고 있는 부모님 중에 수학에서만 유독 칭찬이 인색하다는 분이 계신다면 '칭찬의 힘'을 실천으로 알게 된 저의 경험을 믿고 실천해 보시기를 꼭 권하고 싶다.

수학 공부를 하는 데에도 '칭찬의 힘'은 크다고 했다. 그러면 수학 공부를 할 때 칭찬은 어떻게 하는 것이 좋을까? 아이의 수학 공부에 대한 칭찬은 무엇보다 일관성을 가지고 문제점에 대해서는 아이와 함께 공감적 소통을 해주어야 한다. 아이의 말과 행동에 집중하여 적극적인 관심을 보이되, 부모의 부정적인 반응은 최소화하고 아이의 마음과 말을 들어주어야 한다.

아이를 위한 수학 공부를 지도할 때 일관성을 유지하고 아이와의 약속은 무슨 일이 있어도 지켜야 한다. 예를 들어 수학 문제집을 풀 때 아이와 하루에 몇 문제 또는 몇 장씩 푼다고 약속했으면 아이가 문제를 빨리 풀거나 쉬운 내용일 경우 더 풀었으면 하는 마음이 있을 것이다. 그럴 경우라도 아이와의 약속은 지키고, 혹시 늦게 풀거나 어려운 내용일 경우에는 공부를 하기 전에 꼭 약속을 지켜야 함을 확인하면 된다.

평소에 아이가 수학에 대한 자신의 생각을 말할 때가 있다. 그럴 때는 될 수 있는 대로 이야기를 들어주는 것이 좋다. 아이가 수학에 대한 자신의 생각을 쉽게 이야기할 수 있는 환경을 적극적으로 만들어 주어야 한다. 아이의 수학에 대한 생각을 적극적으로 들어준 후 이야기를 하게 되면 아이와의 수학에 대한 의사소통이 이루어져 아이는 좀 더 쉽게 수학에 대한 자신의 생각을 말하게 된다. 그러면 우리 아이의 수학 강점과 약점을 잘 파악할 수 있어 부모가 지도할 때 또는 사교육의 도움을 받더라도 부족한 부분을 쉽게 보완할 수 있다.

또, 수학 공부를 이야기하다 보면 무심코 자매간이나 형제간, 이웃집 아이, 친구와 비교하게 되는 말을 할 수 있는데 조심하여야 한다. 아이마다 수학의 강점과 약점이 있는데 타고난 자질을 비교하고 지적하는 말을 하는 것을 특히나 절대 하면 안 된다.

부모는 아이의 수학에 대한 강점을 잘 관찰해서 파악하고 많이 칭찬해 주어야 한다. 다른 집 아이나 형제와 비교해서 아이의 수학 약점을 말하는 대신 수학의 강점을 이용해서 단점을 극복하게 해야 한다.

모든 일상에서의 사소한 이야기를 수학 공부를 하다가 부모와 나누고 싶어 할 때가 있는데, 수학 공부에 집중해야 되니까 말을 못 하게 해야 되는 것이 아니라 시간을 내서 아이의 관심사를 들어주고 대화를 많이 하는 시간을 가져야 한다. 다만, 수학 공부에 대한 약속을 꼭 지켜야 함을 다시 한번 강조함으로써 일관성을 유지하면 된다. 아이의 수학 공부에 대해서 일관성 있는 태도로 지도를 하고, 아이가 수학 공부를 하면서 뿌듯함과 성취감을 느낄 때 충분히 격려하고 칭찬해 주어야 한다.

수학 공부를 할 때 칭찬은 결과도 중요하지만 과정에 대한 칭찬을 좀 더 하면 좋다. 왜냐하면 수학은 답을 내는 과정이 단순하지 않아 그 과정을 제대로 해낼 때만 정확한 답을 얻을 수 있기 때문이다. 그 복잡하고 긴 과정을 아이가 견뎌낼 수 있도록 적극적인 격려와 지지를 해주어야 한다. 2003년에 출간된 캔 블랜차드 외 지음의 〈칭찬은 고래도 춤추게 한다〉에서 '과정을 칭찬하라'는 내용을 이야기하는 부분이 있다.

사람들이 일을 수행했을 때는 무반응, 부정적 반응, 전환 반응, 긍정적 반응의 4가지 반응이 있다고 했다. 가장 일반적인 반응은 무반응이고, 사람들이 정말로 주의를 기울이는 반응은 부정적 반응이지만 저자가 관심을 가지는 것은 '그 잘못된 행동에 대해 어떤 식으로 반응할 것인가'에 대해서이고, 이것에 대해 범고래 조련사로부터 배운 것은 '전환 반응'이라고 했다.

전환 반응은 잘못이나 문제점을 가능한 한 빨리, 정확하게, 책망하지 않으면서 설명한다. 잘못된 일의 좋지 않은 영향을 알려준다. 일을 명확하게 알려주지 못한 것에 대한 책임을 진다. 업무를 자세히 설명하고 명확하게 잘 이해했는지 확인한다. 상대방에 대한 지속적인 신뢰와 확신을 표현한다. 수학 공부를 할 때 아이들에게 무반응과 부정적 반응을 피하고 이런 전환 반응을 적극적으로 해줘야 아이들은 실수나 실패를 극복하고 성공으로 나아갈 수 있다. 또한 이 저서에서는 '과정을 칭찬하라'고 강조하고 있다.

'과정을 칭찬하라.'
'과정은 움직이는 칭찬의 목표이다.'

여기에서 중요한 점은 과정 즉, 점점 나아지고 있는 상태를 계속 알아차리고, 인정하고, 보상해야 한다는 것이다. 범고래뿐 아니라 사람과도 바로 이렇게 일을 해야 한다. 잘한 일을 알아채야 하고, 만일 정확하고 올바르게 처리되지 못한 일이라 하더라도 그 과정을 칭찬해야 하는 것이다. 그런 방법으로 성공을 준비시키고, 성공을 시작해나가는 것이다. 수학은 아이들의 심리적인 위축이 심한 과목이다. 그래서 반드시 수학 공부 과정에서 점점 나아지고 있는 상태를 알아차리고 과정에 대해 인정하고 보상해야 성공을 시작할 수 있다.

수학의 근자감은 수학 실력을 향상시키는 지름길이다. 수학의 근자감을 위해서는 사소한 성공에 대해서 적극적인 칭찬을 하면서 믿음을 보여줘야 한다. 또한 수학 공부를 하는 동안 칭찬을 할 때는 약속의 실천과 일관성 있는 칭찬이 중요하다. 아이와 부모가 함께 정한 약속을 지키고, 상황에 따라 그 약속이 달라지지 않도록 부모의 일관성이 수학 공부의 성공을 보장한다. 마지막으로 과정의 칭찬을 통해 공부하는 중간에 생길 수 있는 잘못이나 문제점을 해결하고, 아이의 수학 공부에 대한 지속적인 신뢰와 확신을 표현해 줌으로써 아이들의 수학에 대한 자신감을 가지도록 해줘야 한다.

자기주도학습은 성취감을 높인다

수학 실력의 향상을 위해서는 자기주도적 학습이 필요하다. 왜 수학에서는 자기주도적 학습이 중요할까? 먼저, 자기주도학습이란 학습자 스스로 자신의 학습목표를 설정하고 그 이후 학습 참여 범위 설계, 학습 전략의 선택, 학습 결과의 평가와 같은 학습의 전 과정에 주도적으로 참여하는 것을 말한다.

수학에서만큼 아이들의 이해 편차와 생각의 다양성이 펼쳐지는 과목도 없다. 예를 들어 15+28을 계산하는 아이들의 사고 과정을 들여다보면 어떤 아이들은 10+20을 계산한 후 5+8을 계산하는 경우, 15+5=20을 한 후 23을 더 하는 경우, 5+8=13을 한 후 10+20을 계산하는 경우, 2+28을 계산한 후 13을 더 하는 경우 등 다양하다.

　이때 교사나 부모 등 지도하는 사람이 아이 입장이 아니라 지도하는 입장에서 좀 더 합리적인 계산방법을 제시하면 아이들은 혼란스러워하고 스스로 잘 해나가던 계산을 멈추거나 도움받기를 원한다. 아이의 주도적인 학습과정을 개입하면 아이는 잘하던 학습도 잘 하지 못하면서 의욕저하와 함께 자신감까지 상실하게 된다.

　이렇듯 두 자리수+두 자리수라는 간단한 계산에서도 아이들마다 다양한 사고과정이 일어나기 때문에 아이들 각자마다 자신의 이해 수준과 학습 목표에 맞는 학습이 이루어지지 않으면 아이는 혼란을 넘어 학습 의욕이 꺾여 버린다.

　수학은 다양한 영역의 더 방대한 개념과 원리 체계로 이루어진 과목이다. 그리고 답은 하나로 정해져 있지만, 그 답을 찾아가는 과정은 여러 갈래이다. 물론 제일 쉽고 빠른 지름길로 답을 찾아가면 좋지만, 수학은 답만 찾기 위해 배워야 할 과목이 아니다.

　그래서 자신만의 수학 과정을 통해 문제를 풀어 나갈 때 수학을 공부해야 하는 목표에 도달할 수 있고, 그 과정에서 기쁨의 성취감을 맛볼 수 있다. 그 자신만의 수학 과정을 해나가는 것이 수학의 자기주도적 학습인 것이다. 그리고 수학의 자기주도적 학습을 통해 수학교육이 목표로 하는 자기 생활 주변 현상을 수학적으로 이해하고 문제를 합리적이고 창의적으로 해결하는 것이 가능한 것이다. 수학 자기주도학습은 아이의 자존감과도 관련이 있다. 2012년 1월 18일 자 〈중앙일보〉 기사 '자기주도학습능력의 원천, 자존감 기르기'에서는 다음과 같은 내용을 말하고 있다.

> 하버드대 교육학과 조세핀 김 교수의 〈우리 아이 자존감의 비밀〉에서는 "자존감이 높은 아이는 대부분의 일을 스스로 해결하고 실패를 했어도 견디며, 필요하면 주저 없이 도움을 청한다"고 분석했다. 자존감이 낮은 아이는 "몰라"라는 말을 자주 하며 매사에 비협조적이다. 과정 하나하나를 확인받으려고 하고, 무슨 일이 생기면 의존할 대상부터 찾는다. 자존감은 자기주도학습능력의 원천이 되기도 한다. 자존감이 있어야 공부에 대한 목표가 생기고 스스로를 위해 노력하기 때문이다.

여기서는 자존감을 자기주도학습능력의 원천으로 설명

하고 있다. 그러면서 자존감을 높이는 방법으로 부모가 일상에서 문제를 해결할 수 있는 긍정적인 피드백을 줘야 한다고 했다.

나는 관점을 살짝 바꿔 수학 자기주도학습을 실천하는 것이 자존감을 올리는 방법이라고 말하고 싶다. 수학 공부를 하면서 지속적으로 일어나는 문제를 이해하고, 해결하는 과정에서 부모가 끊임없이 긍정적인 피드백을 한다면 수학 실력과 더불어 아이의 자존감까지 높일 수 있다. 즉, 수학 자기주도적학습만큼 아이의 자존감을 높일 수 있는 과목도 없다.

자존감은 자아존중감을 뜻하며, 자신이 사랑받을 만한 가치가 있는 소중한 존재이고 어떤 성과를 이루어낼 만한 유능한 사람이라고 믿는 마음이다. 자아존중감이 있는 사람은 정체성을 제대로 확립할 수 있고, 정체성이 제대로 확립된 사람은 자아존중감을 가질 수 있다.

자존감이 높으면 수학 자기주도학습을 통해 자신이 수학에서의 성과를 이루어낼 유능한 사람이라고 믿고, 그 과정을 견뎌내며 결과를 도출한다. 그 결과 수학에서의 성취감을 맛볼 수 있어 수학을 좋아하는 마음으로까지 연결될 수 있다. 그럼 수학 자기주도학습은 어떻게 할까? 2021년 3월 17일 자 〈조선에듀〉 칼럼 '자기주도학습의 시작, 책 읽기와 글쓰기'에서 약간의 팁을 얻을 수 있다.

지난달 교육부는 고교학점제 종합 실시 계획을 발표했다. 고교학점제는 현재 초등학교 6학년이 고등학교 1학년이 되는 2025학년도부터 전면적으로 실시된다. 고교학점제는 학생들의 진로와 적성을 찾아 자기주도적 인재로 성장할 수 있도록 했다는 점에서 긍정적인 평가를 받고 있다. 바야흐로 주입식 교육의 시대가 가고, 자기주도학습의 시대가 열린 것이다…(중략) … 자기주도학습은 꾸준히 책을 읽고 글을 읽고 글을 쓰는 것에서부터 출발한다. 꾸준히 책을 읽는 습관을 가진 아이들은 혼자서도 집중해서 무언가를 할 수 있는 훈련이 되어 있고, 독해력이 뛰어나다. 글을 쓰는 것은 책 내용을 온전히 자신의 것으로 소화하고 나서 스스로 생각하고 답을 찾아가는 일이다. 꾸준히 책을 읽고 글을 쓰는 것이 자기주도학습을 할 수 있는 밑바탕이 될 것이다.

이제는 자기주도학습시대이다. 자기주도학습은 독해력이 바탕이 되어 책의 내용을 온전히 자신의 것으로 소화하고 스스로 답을 찾아가는 일이라고 했다. 이것을 수학의 자기주도학습에 적용해 보면 우선 독해력이 바탕이 되어야 하는 것은 기본이다. 이 책에서 계속 주장하고 있는 문해력이 있어야 자기주도학습이 가능함을 뜻한다.

둘째, 수학 교과서, 자습서 등 수학 관련 책의 내용을 온전히 자신의 언어로 이해하고 표현 가능해야 한다. 자신이 이해하지 못하는 수학은 자신의 것이 아니다. 스스로 고민하고 자신의 생각을 적용하여 수정하며 자신의 논리를 완성해 가는 과정이어야 한다.

마지막으로 스스로 답을 찾아야 한다. 수학의 과정을 경험에서 나온 결과로 만들어 내야 하는 것이다. 답은 정해져 있지만, 그 답을 찾아가는 방법은 자신이 알고 있는 개념과 원리를 이용해서 창조해 내는 것이다.

수학의 자기주도학습은 성취감, 자존감과 관련이 있다. 수학의 자기주도학습은 학습자인 아이들이 스스로 자신의 학습 목표를 설정하고, 학습 범위, 학습 전략, 학습 결과의 평가를 주도적으로 해나감으로써 성취감을 맛보고, 자존감을 높이는 것이다. 그리고 고교학점제 종합 실시 계획을 통해 이전에는 교실에서 정해진 시간표에 따라 수동적으로 수업을 받았다면 이제는 스스로 진로와 적성을 찾아 시간표를 짜기 때문에 학생들의 선택의 폭이 확대된 것으로 아이들의 자기주도학습 능력을 요구하고 있다.

이제 자기주도학습은 학습의 한 방법이 아니라 미래 교육의 패러다임으로까지 확장되었다. 덧붙여, 자기주도학습의 밑바탕에는 독해력 즉, 문해력이 있다. 이것은 수학의 자기주도적학습의 바탕도 문해력이 있어야 가능함을 말하고 있다.

수학을 잘하는 과목보다
좋아하는 과목으로 먼저 만들어라

담임을 맡게 되면 항상 아이들이 수학 공부에 관심이 많다는 것을 알 수 있다. 그래서 매일 하게 되는 일일 수학과 각 단원을 마치고 하게 되는 단원평가를 통하여 아이들의 수학 실력이 향상되도록 돕는다. 그런데 매번 일일 수학을 하거나 단원평가를 하게 되면 자신의 수학 성적에만 관심을 가지는 아이들이 있다. 학습지나 평가지를 나한테 제출하자마자 언제 자신의 성적을 볼 수 있는지 묻는다. 그럼 나는 항상 채점하면 바로 다시 줄 것인데 왜 그러는지 물어본다. 그러면 아이는 그냥요 하면서 웃고 다른 친구들을 찾아간다. 이 아이는 왜 그렇게 수학 성적을 알고 싶어 할까?

바로 학습지에 표시된 점수가 무엇보다 중요하기 때문

이다. 부모님들이 그 점수에 관심을 가지고 있기 때문이다. 점수는 곧 그 아이여서 그 점수에만 집착한다. 틀린 문제가 있다면 왜 틀렸는지, 자신이 무엇을 이해 못하고 있는지는 관심이 없고, 오직 그 점수라는 것만 부모님께 알리고 그 피드백을 받는 것이 중요할 뿐이다. 이런 아이들은 선행을 통해 수학 공부를 하고, 문제집을 많이 풀어서 문제는 잘 풀지는 몰라도 수학에 대한 흥미는 높지 않다. 초등학생인데도 수학은 자신이 가고 싶은 대학을 가기 위해 잘 해야 하는 과목 그 이상도 그 이하도 아니기 때문이다.

수학에 대한 이런 태도는 수학 성적이 좋아 잘하는 과목일지는 몰라도 좋아하는 과목은 아니다. 좋아하는 과목이 아니어도 되지만 학년이 올라갈수록 수학 공부 하는 것을 싫어하고 나중에는 끔찍하게 생각한다면 수포자의 길을 걸을 수 있고, 결국 자신이 하고자 하는 꿈을 도달하는 데 수학이 큰 걸림돌이 될 수도 있다. 그래서 항상 아이들에게 강조한다. 수학 성적도 중요하지만 내가 앞서 배운 수학 내용으로 문제를 해결하는 과정의 뿌듯함을 느껴보라고 말이다.

교사인 나도 우리 아이들이 수학 성적이 잘 나와서 좋은 대학에 가길 바란다. 그러나 그것보다 더 생각하는 것은 항상 아이들이 수학과 좀 더 친해졌으면 하는 바람이고, 수학이 좀 더 쉽게 느껴졌으면 하는 바람이다. 왜냐하면 수학하는 과정이 우리 삶 속에서 문제를 해결하는 과정과 닮아있기 때문이다.

고대 인류 역사에서 수학은 철학을 하면서 발전되었고, 철학은 인간의 삶을 탐구하는 것으로 시작되었다. 더구나 인공지능의 등장 등으로 디지털 리터러시가 더 필요해진 상황에서 그 바탕이 되는 수학을 싫어한다면 미래 사회의 기초 도구조차 가지지 못하고 세상을 살아가야 하기 때문이다. 잘 알고 있는 명언 중 논어의 〈옹야〉편에 나오는 유명한 명언이 있다.

'아는 사람은 좋아하는 사람만 못하고, 좋아하는 사람은 즐기는 사람만 못하다.'

우리 아이들이 수학을 즐기는 사람이 되면 제일 좋지만 적어도 싫어하지 않는 아는 사람이기만 해도 미래 사회에 적응해 살아갈 수 있다.

담임을 맡을 때면 아이들이 수학에 대해 좋은 감정을 가질 수 있도록 노력한다. 특히, 수학은 한 번 감정이 어긋나면 그 결과가 누적되어 더 하기 힘든 과목이 될 수 있기 때문이다. 그리고 수학에 대한 좋은 감정이 형성되면 힘들어도 해내고자 하는 인내, 열정, 끈기, 목적의식이 생기기 때문에 가장 관심을 가지고 지도하고자 한다.

김도사 저자의 〈혼자 하는 공부의 힘〉에서 세상에서 가장 즐겁고 행복한 것은 새로운 것을 알아가는 것이고, 유년 시절을 통해 세상의 모르는 것투성이에서 부모님과 타인들을 통해 하나씩 배워가면서 세상이 얼마나 신기하고 즐거운 것들로 가득 차 있는지 알 수 있다고 했다. 그리고 무엇보다 그때 새로운 지식을 쌓아갈 때 즐거움을 느끼지 않았느냐고 묻고 있다.

맞다. 수학 공부를 할 때에도 모르는 것투성이에서 선생님과 친구, 또는 혼자 배워가면서 수학이라는 세계가 얼마나 신기하고 즐거운지를 알게 될 때 그 희열감은 말로 표현할 수 없이 대단하다. 또한 수학에 대한 새로운 지식을 쌓아갈 때의 즐거움을 느낄 수 있다. 그래서 수학 성적에만 집중하지 말고 수학이라는 세계에 대한 지식을 알아가면서 즐거움을 느껴보도록 안내하는 것이다. 또한, 이 저서에서는 공부에 대한 다음과 같은 이야기를 해주고 있다.

공부는 그동안 몰랐던 것들을 알게 해준다. 그 과정에서 공부의 재미를 느끼게 된다. 물론 공부 외에도 재미를 느끼게 하는 것들이 많다. 하지만 그러한 것들은 단기적인 재미와 행복을 느끼게 해줄 뿐이다. 공부는 새로운 지식을 쌓게 해주기 때문에 장기적인 재미와 행복을 가져다준다. 게다가 공부를 통해 쌓는 지식이 미래를 알차고 풍요롭게 만들어주기 때문에 그 행복지수는 공부 외의 것들에서 느끼는 감정들과는 차원이 다르다.

수학 공부도 마찬가지이다. 수학이라는 몰랐던 것을 알게 해주고 그 과정에서 수학 공부의 재미를 느끼게 된다. 그리고 수학 공부는 수학의 새로운 지식을 쌓으면서 장기적인 재미와 행복을 안겨준다. 또 수학 공부를 통해 쌓는 지식은 수학 성적을 높여주기 때문에 그 행복지수는 다른 무엇과 비교할 수 없는 차원 높은 감정을 느끼게 한다. 수학을 잘하는 과목이 아니라 좋아하는 과목으로 만들어야 하는 이유이다. 수학을 좋아하는 과목으로 만든다면 수학에서의 성공은 훨씬 더 쉬워진다. 여기서 수학에서의 성공은 수학 성적의 향상과 수학에 대한 긍정적인 마음이다.

김태광 저자의 〈우리 아이, 스티브 잡스처럼〉에서는 성공한 사람의 마음에 대해 이야기하고 있다. 성공한 사람과 성공하지 못하는 사람 사이에는 한 가지 차이점이 있다. 전자는 자신이 간절히 원하는 것이 무엇인지를 알지만, 후자는 모른다는 것이다. 그동안 내가 살아오면서 성취한 것들을 살펴보면 하나같이 내가 간절히 원했던 것임을 알 수 있다. 간절히 원했기에 남다른 노력을 기울일 수 있었던 것이다.

수학에서의 성공을 맛보려면 수학 공부를 할 때 원하는 것(목표)이 무엇인지 알고 간절히 원해야만 열심히 노력하기 때문이다. 그리고 수학 공부를 할 때 간절한 마음으로 한다면 아이들은 자신의 마음과 직관에 따라 행동을 하고 강력한 공부 동기와 노력을 할 수 있어 수학의 잠재력을 최대한 발휘할 수 있다. 잘하는 것은 노력으로 누구나 할 수 있다. 그러나 좋아하는 것은 마음과 노력이 함께 할 때 가능하다.

수학을 잘하는 것은 노력으로 어느 정도까지는 가능하다. 그러나 수학을 좋아하게 되는 것은 수학의 과정까지 즐긴다는 것이다. 또한 수학의 세계로 들어가 수학에 대한 지식을 쌓아가면서 몰랐던 것을 알아가는 재미를 쌓아가는 것이다. 그러면 수학의 성공을 맛보고자 하는 강렬한 열망과 노력까지 더해서 수학의 잠재력을 최대한 발휘할 수 있다. 또, 앤젤라 더크워스의 〈그릿〉에서는 탁월성을 이렇게 이야기했다.

> 니체는 재능에 대해서 뭐라고 했을까? 그는 누구보다도 장인을 본보기로 생각하라고 말한다. "소질과 타고난 재능에 대해 말하지 말라! 타고난 재능이 거의 없어도 위인이 된 이들을 여럿 들 수 있다. 그들은 탁월한 솜씨를 배워서(우리가 이름 붙임 대로) '천재'가 되었다"…(중략) … 그들은 모두 유능한 장인답게 작은 부분을 제대로 만드는 법부터 진지하게 배운 다음 전체를 구성하는 일에 조심스럽게 도전했다. 그들은 눈부신 전체에 감탄하기보다 작고 부수적인 것들을 잘 만드는 데서 즐거움을 느꼈기 때문에 거기에 충분한 시간을 할애했다.

수학의 소질과 타고난 재능에 관심을 가지기보다 수학의 작은 부분부터 제대로 하는 법을 배운 다음 전체를 구성하는 일에 도전하고, 충분한 시간을 할애하며 작고 부수적인 것들을 잘 해냄으로써 즐거움을 느끼면 수학의 탁월성과 재능을 만들어 낼 수 있다.

수학 공부만큼 아이들이 수학에 대해 생각하는 마음도 많이 중요하다. 수학이라는 새로운 세계를 가게 되는 만큼 사소한 작은 성공에도 칭찬이 필요하고, 나도 해낼 수 있구나 하는 성취감을 느끼게 해줘야 두려움 없이 앞으로 나아갈 수 있다. 특히, 부모님의 적극적인 지지와 격려는 우리 아이의 수학 공부의 또 다른 원동력임을 잊지 말아야 한다.

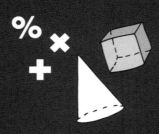

Part 4

초등수학,
심화가 진짜 실력이다

학년별 내 아이의 성취 수준 알기

　보통 아이들과 부모님들은 수학 단원평가의 성적으로 아이의 수학 실력을 판단한다. 이렇게 판단하게 되면 나중에 초등수학은 너무 쉬워서 중요하지 않다는 착각을 할 수 있고 중학교 가서 땅을 치고 후회하는 일이 발생한다. 내 아이의 수학실력을 알아볼 좋은 방법이 있다.

　교육과정에는 각 과목의 영역별 성취 수준이라는 것이 있다. 부록(p.261)에 2022 개정교육과정 수학과 학년군별 성취수준표(1~2학년군)와 내용체계표(전체 학년)를 실어 두었다. 2022 개정교육과정이 1~2학년군은 2024년부터, 3~4학년군은 2025년부터, 5~6학년군은 2026년에 적용된다. 부모님들은 아이의 수학 실력을 판단할 때 이 성취 수준을 적극적으로 활용하여 내 아이의 수학 실력을 올바르게 판단하면 좋을 것 같다. 즉, 성취 수준은 출발점인 것이다.

수학 영역 성취 수준 표

각 학년군 수학 영역별 성취 수준의 학습내용을 1~2학년군의 예를 들어 좀 더 자세히 이야기해 보겠다.

먼저 1~2학년군의 1. 수와 연산 영역은 덧셈, 뺄셈, 곱셈, 짝수, 홀수, +, □, ×, =, 〉, 〈 의 개념을 이해하고, 덧셈과 뺄셈을 여러 가지 방법으로 계산할 수 있어야 한다. 즉,

> 자연수를 알고 개수, 순서, 이름 등으로 나타내는 경우를 알고 네자리 수를 이해한다.

> 수 세기를 필요에 따라 묶어 세기, 뛰어 세기 방법으로 세어 본다.

> 두 자리 수를 10개씩 묶음과 낱개로 나타내게 함으로써 위치적 기수법을 이해한다.

> 수를 분해하고 합성하는 활동은 20이하의 수 범위에서 한다.

> 더한다, 합한다, ~보다 ~큰 수, ~보다 ~작은 수, 뺀
다, 덜어 낸다, 합, 차 등의 일상용어에서 덧셈과 뺄셈의
연산과 친숙하게 한다.

> 덧셈은 두 자리 수를 계산하고, 합은 세 자리 수의 경우
도 안다.

> 덧셈과 뺄셈을 여러 가지 방법으로 계산하여 연산 감각
을 기른다.

> 덧셈과 뺄셈의 관계를 안다.

> □가 사용된 덧셈식과 뺄셈식의 □의 값을 직관적으로
안다.

> 실생활에서의 덧셈과 뺄셈 관련 문제를 만들고 해결
한다.

> 곱셈을 이해하고 배의 개념, 동수누가를 알고, 1의 곱과
0의 곱을 안다.

수와 연산 영역의 문제상황을 이해하고 문제 해결 전략을
이용하여 해결한다.

다음으로 1~2학년군의 2. 변화와 관계 영역은 학생 스
스로 만든 규칙에 따라 물체, 무늬, 수 등을 배열한다. 수의

배열뿐만 아니라 수 배열표, 덧셈표, 곱셈표를 활용하여 수의 다양한 규칙을 찾는다.

3. 도형과 측정 영역은 삼각형, 사각형, 원, 꼭짓점, 변, 시, 분, 약, cm, m를 이해하고 쌓기나무, 칠교판 등의 구체물을 이용한 모양 만들기를 통하여 도형에 대한 공간감각을 기른다.

양의 비교는 학생들에게 직관적 비교, 직접 비교, 간접 비교 등을 이해한다. 시간의 여러 가지 단위는 단위 사이의 관계를 이해한다. '도형과 측정' 영역의 문제 상황에 적합한 문제 해결 전략을 이용하여 해결한다.

마지막으로 4. 자료와 가능성 영역은 표와 그래프를 이해하고 분류하고, 표 만들고, 표와 그래프를 나타내며 자료와 가능성 영역의 문제 상황을 이해하고 문제 해결 전략을 이용하여 해결한다. 1~2학년군의 수학 각 영역별 성취 수준의 학습내용만 보더라도 많은 수학적 개념과 원리를 학습해야 된다. 물론 1~2학년 발단 단계에 적합한 수준, 방법, 언어를 사용하지만 수학적 틀에서 이해해야 되기 때문에 아이들이 성취 수준에 잘 도달했는지 잘 파악하고 부족한 것은 보충학습을 해야 다음의 후행학습에 학습결손 누적이 발생하지 않는다. 앞서 이야기한 것처럼 수학은 계통성을 따르는 나선형 구조의 학습과목이기 때문에 현행의 성취수준도달이 매우 중요하다.

수학에서의 우리 아이의 현행학습결손은 저학년일수록 파악하기 쉽지 않다. 수학 내용을 발달단계에 따라 직관으로 이해하고 학습하도록 하는 부분이 많기 때문이다. 그러나 이런 현행학습결손은 학년이 올라가서 대부분 나타나지만, 지금은 학년군단위로 교육과정이 운영되기 때문에 1~2학년의 학습결손이 3~4학년에, 3~4학년의 학습결손이 5~6학년에 나타날 수 있어 2년 정도의 학습결손이 진행된 뒤에 알게 되는 경우도 있다. 이럴 경우 전 학년의 학습결손 내용으로 현재 학년의 수업내용이 충분히 이해되지 않으면 쉽게 수학을 포기할 수 있고, 수학은 어려운 것이라는 심리적 부담감을 가지게 된다.

그래서 아이들의 성취 수준을 파악할 때 조금 미심쩍은 부분이 있으면 학습내용을 조금 잘게 나누어 아이들의 이해 상태를 점검해야 된다. 그러면 아이들도 학습 내용이 많지 않아 쉽게 따라올 수 있고 부모님들도 우리 아이의 이해력과 강점, 약점을 파악하는 데 도움이 된다.

또한, 수학의 출발점을 충분히 파악하고, 부족한 부분을 채웠기 때문에 심화문제를 해결하는 데도 자신감을 가지고 어려워하지 않는다. 덧붙여, 수학 문제집을 통해서도 성취 수준의 도달 여부를 파악할 수 있지만 수학 교과서와 수학 익힘책을 적극 활용하여 점검하기를 권장한다. 내 아이의 수학 실력 향상은 내 아이의 수준을 아는 데서부터 시작해야 한다. 내 아이의 수학 출발점을 알고 기본 바탕을 마련한 다음 심화로 나아가야 실력 향상을 기대할 수 있다. 수학은 계통성을 가진 과목이다. 선수학습의 결손이 생기면 현행학습은 물론 심화학습 자체를 할 수 없다. 교육과정의 영역별 성취 수준을 이해하고 내 아이의 수준을 파악하는 데 항상 관심을 가져야 한다.

그러면 어떤 부모님들은 수학 교육과정의 영역별 성취 수준은 어떻게 알 수 있냐고 하는 분도 계실 것이다. 교육 과정의 성취 수준은 기본적으로 교육과정평가원에서 기본적으로 제공하고 있고, 요즘은 인터넷에서 검색을 통해 쉽게 얻을 수 있다.

또한, 학교에서 과정중심평가의 결과를 제공하면서 전체는 아니지만 일부 성취기준을 안내하고 있다. '지피지기

면 백전백승'이다. 교육과정을 이해하고 내 아이의 수준을
이해하며 대처한다면 수학 실력의 향상을 좀 더 쉽게 할 수
있을 것이다.

점검 필수! 내 아이의 공부법

　메타인지라는 말을 많이 들어 봤을 것이다. 공부에 대한 이야기를 할 때면 자주 듣는 말이다. 특히, 연말쯤 수능 결과가 나오고 수능 만점자의 인터뷰 이야기를 할 때 꼭 나오는 말이 메타인지이다. 나 또한 수학 공부에서는 절대적으로 메타인지가 중요하다고 이야기하고 싶다.

　공부 잘하는 아이들은 메타인지가 높다고 한다. 메타인지란 '자기 자신이 인지하고 있음을 인지하는 것'으로 '자신이 알고 있는지 모르고 있는지를 안다'는 것을 뜻한다. 자기성찰지능을 이용하여 자신의 뇌를 스스로 살펴보는 것이다. 학습에서 메타인지가 중요한 것은 학습자가 학습을 하면서 스스로 무엇을 알고 무엇을 모르는지를 정확하게 파악하여 아는 것은 더욱 확실하게 내 것으로 만들고, 모르는 것은 보충(재인지)하여 완전학습 단계를 가능하게 할 수 있기 때문이다. 메타인지 학습법은 완전학습을 가능하게 하고 학습 후 자신의 이해 정도를 명확하게 해주는 학습법이다.

최상위권 학생들이 똑같은 시간을 공부하더라도 성취도가 높은 이유가 바로 이 메타인지 능력이 높기 때문이다. 메타인지 능력을 키우면 학업성취도를 높일 수 있다. 이때 메타인지된 자신의 이해 정도를 자신의 말로 표현하면 학습에 더 효과적이다.

수학 공부를 가장 효과적으로 할 수 있는 방법이 바로 메타인지 학습법을 이용하고 자신의 언어로 설명을 하도록 하는 것이다. 좀 더 자세히 살펴보면 오늘 배운 수학 개념이나 원리 또는 풀이 과정을 체계적으로 말하고, 막힘없이 설명할 수 있다면 완벽하게 이해했다는 것을 의미하고, 말로 표현하는 과정에서 이미 알고 있는 지식은 더욱 체계화되어 뇌에 다시 한번 더 각인되면서 확실하게 자신의 것이 된다.

만약 설명을 하다가 막히는 부분이 있으면 그것은 수학 개념을 잘못 이해했거나 공부한 내용 중에서 덜 이해된 부분이 있음을 말한다. 그러면 막힌 부분에 대한 내용을 찾아 다시 학습하거나 설명을 들어 이해하는 과정을 거치면 된다. 이 과정을 반복하게 되면 학습한 내용을 좀 더 확실하게 자신의 것으로 만들고, 모르는 내용은 보완 학습과 피드백을 통해 완전학습에 도달하도록 하는 것이다.

수학 공부에서 메타인지를 적용해서 공부를 하려면 기본 개념과 원리 등을 학습한 후 문제를 풀어보면서 자신의 수학 메타인지를 확인하면 된다. 공부는 모르는 것을 알아가는 과정이다. 메타인지를 적용하여 좀 더 정교하게 자신의 모르는 부분을 반복해서 익히면 된다.

메타인지 공부법은 모두에게 반드시 필요한 공부법이다. 그러나 아이들의 이해 정도와 수준이 모두 다르기 때문에 내 아이에게 맞는 공부법을 더 찾아서 할 수 있도록 도와줘야 된다. 2023년 9월 30일 자 〈팝콘뉴스〉 한경화 칼럼 '자녀와 함께 나에게 맞는 공부법 찾기'의 기사 내용을 보면 내 아이에 맞는 공부법을 찾아야 하는 이유가 나와 있다.

"교사의 경험으로 미루어볼 때 '공부를 못한다'는 건 학생이 '공부를 잘 다루지 못하기 때문'이라는 결론을 얻는 경우가 대부분이었다. 정해진 교육과정에 의해 운영되는 학교 공부는 자신에게 맞는 공부 방법을 찾아 잘 다루기만 하면 공부와 성적 관리를 수월하게 할 수 있을 텐데 많은 학생이 공부 방법을 제대로 알지 못한 채 잘못된 방법으로 공부하거나, 공부를 어려워만 하여 아예 엄두를 내지 않아 '공부 못하는 학생'으로 전락하고 만다."

나도 똑같은 경험을 했다. 공부를 못하는 아이들은 재능이 없거나 이해력이 떨어지는 경우보다 공부를 대하는 마음과 자신에게 맞는 공부 방법을 알지 못해서 힘들어하는 경우가 더 많다. 안타까운 마음에 가장 쉽게 할 수 있는 방법으로 안내를 하면 시도는 해보지만, 지속적이지 않기 때문에 쉽게 포기한다. 수학 공부는 더더욱 그렇다. 이 칼럼의 내용을 좀 더 얘기해 보면 다음과 같다.

"학생들은 이제까지 '공부를 열심히 해야 한다'는 말은 수없이 들었지만 '공부를 어떻게 해야 하는지'에 관한 구체적인 방법을 체계적으로 배운 적이 없어서 '나에게 맞는 공부 방법'을 찾지 못하는 것이다. 오히려 학교생활을 하

는 동안 '공부를 못하는 습관'인 줄도 모른 채 잘못된 방법
으로 공부를 대하며 초 · 중 · 고등학교 시절을 보내고 있
지 않은지, '공부' 때문에 고민하는 학부모님과 학생들은
곰곰이 되짚어볼 필요가 있다."

  수학은 중요한 과목이기 때문에 열심히 해야 한다고 끊
임없이 아이들에게 강조하고 있다. 그러나 정작 아이들 개
개인에 맞는 공부 방법을 알려준 적은 거의 없을 것이다.
그냥 문제집을 많이 풀어라. 개념을 이해하고 외워라 등의
정도로만 안내했을 것이다. 그럼 내 아이에게 맞는 공부법
은 어떻게 찾을까? 여러 가지 공부법은 책으로 많이 나와
있다. 그러나 내 아이에 맞는 공부법은 직접 적용해 보고
찾아야 한다. 여러 가지를 시도하고 아이와 대화를 통해 공
부법을 찾는 것이다. 우선 내 아이를 잘 알아야 하기 때문
에 잘 관찰하여 아이의 강점과 약점을 찾아야 한다. 그리고
아이와 많은 대화를 통해 소통하여 아이가 자신에게 필요
한 것을 이야기하도록 해야 한다. 이후 전문가나 선생님들
과 상담을 하면서 최적의 공부법을 선택하고 실행하면 된
다. 또한 최적의 공부법만 고집하지 말고, 수학 내용이나

학년, 상황에 따라 계속 좀 더 융통성 있게 적용하면 좋을 것 같다.

아이들을 가르칠 때 항상 떠오르는 광고 장면이 있다. 조금 오래된 광고다. 학습지 광고였는데 아이가 밖에서 집으로 들어와서 문을 열고 거실로 뛰어가다가 신발을 흩어지게 벗어놓은 것을 깨닫고 다시 와서 신발을 가지런히 정리하고 들어간다는 내용으로 기초부터 확실히 가르친다는 멘트가 이어지는 광고였다.

이 광고가 크게 느껴지는 이유가 초등학생은 기초 기본을 확실히 해야 더 크게 나아갈 수 있다는 생각이 들었기 때문이다. 지금도 항상 이 생각을 가슴에 두고 가르친다. 초등학생은 조금 천천히 하더라도 정확하게 기본 내용을 충실히 하도록 해야 한다.

수학 공부도 마찬가지이다. 과제를 해올 때 대충 하지만 빨리 해오는 경우와 느리지만 정확하게 해오는 아이들이 있다. 초등학교 아이들이기 때문에 더욱더 정확히 해오는 데 관심을 가지고 지도한다. 그러면서 아이들에게 강조한다. 정확하게 풀지만 느리게 푸는 습관은 학년이 올라가거나 연습을 더해서 빨리하는 것이 가능하지만, 대충 풀고

초등공부 수학문해력 하나로 끝난다

빨리 푸는 습관은 고치기가 어렵고, 실제 중요한 시험에서는 좋은 점수를 얻을 수 없다고 말한다. 아이들이 공부법을 정할 때 꼭 기억했으면 하는 습관이다.

맨몸으로 뛰는 육상 선수의 뛰는 모습을 본 적이 있는가? 맨몸으로 뛰지만 최고의 성적을 내기 위해 자신에게 신발끈도 조이고, 몸도 충분히 푸는 등 가장 적합한 환경과 방법을 만든 후에 경기에 참여한다. 수학 공부를 하는 아이들에게도 이런 환경과 방법을 익혀서 자신에게 가장 적합한 방법으로 수학 공부에 참여하도록 해야 한다. 메타인지 학습방법을 이용하여 자신이 아는 것과 모르는 것을 이해하고 보충하도록 한다. 자신의 강점과 약점을 고려한 공부법을 찾아 공부하도록 한다. 초등학교 아이들이니까 기초 기본을 잊어버리지 않는 공부법으로 습관을 만들어야 한다. 그러면 우리 아이들은 좀 더 자신감을 가지고 수학의 세계를 자유롭게 경험할 수 있을 것이다.

아이의 수학에 대한 마음 알기

앞서 수학 공부를 할 때 내 아이에게 적합한 공부법을 찾고 실천하라고 했다. 사실 내 아이에게 맞는 공부법을 찾기 전에 내 아이의 수학 공부에 대한 마음을 꼭 먼저 이해하라고 말하고 싶다. 수학은 심리적 위축이 많은 과목이다. 그래서 아이들의 수학에 대한 마음을 잘 읽어야 한다. 잘못된 수학 공부 계획을 실행 못했을 때는 자신의 게으름과 의지 부족을 탓하며 재능 없음에 수학을 포기할까 고민한다. 그리고 수학은 아이들의 자존감과도 맞닿은 과목이기 때문에 잘 다루어야 된다. 이선종 저자의 〈유태인식 천재 교육법〉에서 자녀의 현재 상태가 어떠한지를 파악해야 자녀를 지혜롭게 길들일 수 있다고 이야기하고 있다.

"동물 조련사는 동물이 병에 걸렸다거나 컨디션이 좋지 않으면 훈련을 시키지 않는다. 이런 때는 아무런 말도 귀에 들어오지 않기 때문이다. 이는 사람도 마찬가지다. 그런데 전혀 학습할 수 있는 상태에 놓여 있지 않은 아이에게 억지로 가르치려고 하는 일이 흔히 있다. 예를 들면, 잔뜩 야단을 맞거나 매를 맞고 엉엉 울고 있는 아이한테 이런저런 설교를 해대는 일 같은 것이 바로 그것이다. 아이가 몹시 지쳐 있다거나 흥분한다거나 심통을 부리고 있을 때는 설교를 해보았자 아무런 소용이 없다. 따라서 아이를 길들이고자 할 때는 아이가 어떤 상태에 놓여 있는지를 우선적으로 파악하도록 한다."

수학 공부를 계획하고 실천할 때도 반드시 아이들의 현재 상태가 어떠한지 파악해야 지혜롭게 수학 공부의 습관을 갖추게 할 수 있다. 아이가 전혀 공부 할 수 있는 상태가 아님에도 하게 한다면 수학 공부도 제대로 할 수 없고, 부모와의 관계도 나빠진다. 수학 성적이 안 좋아 잔뜩 위축되어 있거나 실수를 했을 때, 공부를 해도 성적이 안 나와 지쳐있을 때, 공부가 너무 하기 싫을 때 등은 계획의 실천만

강요하지 말고 아이의 수학에 대한 마음이 어떤 상태인지 우선적으로 파악하고 그 마음이 지속되지 않도록 잘 다루어야 한다.

공부가 항상 재미있을 수는 없다. 조금 다르게 시도한다면 아이들이 공부에 즐거움을 느끼게 할 수 있다. 아이가 좋아하는 것에 먼저 집중해 보면 좋을 것 같다. 수학에서도 아이들이 좀 더 좋아하는 영역이나 자신감 있는 영역부터 시작하는 것도 쉽게 공부에 관심을 가질 수 있게 하는 한 방법이다. 공부 습관을 갖추는 시기인 경우에는 아이가 더 선호하는 영역으로 시도하여 아이 스스로 자신의 공부 습관을 찾을 수 있도록 한다. 하고 싶은 것이 없는, 어떤 것에도 관심이 없는, 모든 것이 귀찮다는 모습을 수학 공부할 때 보인다면 부모로서 많은 고민을 하게 된다. 교육부 공식 블로그에서 국민서포터즈로 활동하고 있는 이지혜 선생님의 '우리 아이 공부습관, 찾아주세요'라는 기고글에서는 그 방법을 제시하고 있다.

"학습동기가 부족하고 끈기가 없는 아이일 경우 '정서 지능'에 집중해 본다면 답을 찾을 수 있다. 정서지능이란 '자신과 타인의 감정을 이해, 수용하고 자신의 감정을 조절하는 능력'으로 정서 조절에서의 유능함을 말한다. 좌절이나 스트레스를 극복하고 공부에 주의력을 집중하고 호기심을 가지며 학습에 대한 동기부여를 하는 능력은 정서지능으로부터 나온다."

내가 하기 싫은 것, 실패에 대한 두려움을 이겨내는 정서적인 조절 능력이 학습과 관련된다. 자신의 정서를 관리하는 능력이 성적과 밀접한 관련을 맺고 있다. 공부를 잘한다는 것은 지적인 능력을 이끌어주는 정서의 영향을 많이 받는다는 것이다. 인지능력을 활용하고, 인지를 뛰어넘는 능력을 발휘할 수 있었던 힘은 정서지능으로부터 온다.

수학 공부를 할 때 하기 싫은 감정, 실패에 대한 두려움을 가장 많이 느낀다고 한다. 아이의 정서지능을 적극 활용하여 이런 감정들을 해소시켜야 수학을 잘할 수 있고, 수학 성적 향상까지 기대할 수 있다. 수학 공부는 정서의 영향을 가장 많이 받는 과목임을 알고 아이의 정서지능을 길러 주기 위해 노력해야 한다. 공부를 할 때 정서지능을 길러 주는 방법은 다음과 같이 제시하고 있다.

첫째, 자신의 감정을 이해하고 표현한다.

둘째, 갈등 상황에서 감정을 이해한다.

셋째, 화난 상황에서 감정을 조절한다.

넷째, 함께 그림을 그리며 상대방의 마음을 이해한다.

다섯째, 상대방의 마음을 공감하고 이해한다.

높은 정서지능은 단순히 기분이 나빠서, 짜증이 나서, 수학 공부를 하기 싫어하는 마음을 극복하게 해 주고, 자신의 미래를 생각하여 현재의 힘든 상황을 이겨낼 수 있는 마음을 가질 수 있게 해주므로 수학 공부 할 때 절대적으로 필요한 능력이다.

꽤 오래된 일이지만, 5학년 담임을 맡았을 때의 일이다. 학년이 바뀌고 진단평가를 실시하였는데, 한 아이의 시험지를 채점하다가 놀랐다. 시험지 뒷면이 하나도 작성되어 있지 않아서였다. 그 아이를 불러 물어보니 시간이 모자라서 못 풀었다는 것이다. 이후 매 수학 시간마다 그 아이의 수학 과제 수행에 관심을 갖고 지켜보았는데 제시간 안에 과제를 수행하지 못했다. 그 아이 어머니께서도 그것 때문에 상담을 신청할 정도였다. 아이와 상담을 하고 다시 수학 수행 정도를 관찰했다. 그 아이는 수학 문제를 빨리 풀지 못하는 것에 대해 전혀 개의치 않아 했고, 오히려 자신의 이해 속도에 맞추어 쉬지 않고 해나갔다. 그 아이는 '중꺾마'(중요한 것은 꺾이지 않는 마음)가 있었다. 그리고 마지막 기말고사에서는 좋은 성적을 거두었다.

수학을 가르치다 보면 이해도 빠르고 문제도 빨리 풀어내는 아이가 있고, 보통의 이해력으로 문제를 느리게 풀지만 자신의 방식을 적용하는 아이도 있다. 전자의 아이들은 문제를 빨리 풀기 때문에 모르거나 어려운 문제가 나오면 빨리 포기하거나 답지를 보고자 한다. 그러나 후자의 아이들은 혼자서 끝까지 해결하려 하고, 이해가 안 된 부분도 도움을 주려고 하면 먼저 스스로 해보겠다고 한다. 어느 방식이 더 낫다고 말하기 어렵지만, 후자의 방식으로 공부한 아이가 좀 더 개념의 이해가 깊고, 심화문제를 해결하는 능력도 뛰어난 것은 사실이다. 사례에 나온 아이처럼 자신을 믿고 천천히 가면서 끝까지 해내려는 의지를 가지는 것도 중요하다. 다만, 과거에 비해 이런 아이들을 발견하는 것이 드물어 안타까운 마음이 든다.

공부를 시작할 때 바로 시작하는 아이가 있고, 한참을

준비하다가 시작하는 아이가 있다. 그만큼 공부를 할 때는 마음을 먹는다는 것이 어려운 일이다. 수학 공부는 더욱더 그러하다. 그래서 아이의 수학에 대한 마음을 반드시 파악하고 시작할 수 있도록 도와줘야 된다. 또 아이의 정서지능을 살펴 하기 싫은 마음, 실패에 대한 두려운 마음을 조절할 수 있도록 마음 근육을 키우고 관리해 주어야 한다. 수학 공부는 계통성을 가지는 과목으로 긴 호흡으로 접근해야 하는 과목이다. 아이의 수학에 대한 마음이 꺾이지 않도록 믿고 격려해 줘야 한다. 그래야 아이가 자신을 믿고 길고 긴 과정을 견뎌내서 좋은 수학 성적으로 자신을 증명해낸다.

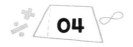

수학 공부 원칙을 정하자

수학 공부를 잘하려면 수학 개념과 원리, 풀이 과정 등을 잘 이해해야 된다. 이해가 되어야 기본 문제, 서술형 문제, 응용, 심화가 가능하기 때문이다. 수학을 이해하는 과정에 반드시 갖추어야 할 능력이 언어능력 즉, 문해력이다. 그래서 초등수학 공부 원칙 첫째, '문해력을 기르자'이다. 문해력을 기르는 가장 좋은 방법은 독서이다. 수학 성적을 올리기 위해 독서가 꼭 필요하다. 최승필 저자의 〈공부머리 독서법〉에서 그 이유를 설명하고 있다.

"독서가 아무 상관도 없어 보이는 수학 성적을 끌어올릴까요? 앞서 저는 이야기책을 읽는 것은 '머릿속에(정보 체계의) 집을 짓는 것'과 같다고 했다. 이것을 다른 말로 '개념화'라고 하는데, 수학에서 가장 중요한 것이 바로 이 개념화 능력이다." 수학 공식 각각은 일종의 예리한 논리이다. 이 논리를 이해하기 위해서는 개념화 능력이 필수이다. 숙련된 독서가는 수학 공식의 개념을 빠르고 정확하게 이해하기 때문에 수학도 더 잘할 수 있다…(중략) … 수학은 숙련의 학문이어서 개념화 능력이 좋은 아이라 하더라도 많은 연습이 필요한 것은 사실이다. 하지만 개념을 정확히 이해한 상태에서 숙련하는 것과 숙련을 통해 개념을 이해하는 것은 차원이 다른 문제이다. 개념화 능력이 떨어지는 상태에서 풀기 훈련에만 치중할 경우 서술형 문제나 수능 수학 영역처럼 꼬아서 내는 문제를 만나면 실력 발휘를 하기 힘들다. 수학 공식을 대입하기에 앞서 문제의 개념부터 파악해야 하는데, 이것이 원활하게 안 되기 때문이다.

수학은 추상적인 언어로 된 수학적 개념을 이해하고 해결하는 과목이다. 추상적인 언어, 개념은 본질적으로 언어 영역이다. 충분한 언어능력을 바탕으로 수학적 사고를 하는 것이다. 그래서 언어능력이 중요하고, 이 언어능력을 발전시킬 수 있는 것은 독서이다. 수학 공부를 이야기하면서 언어능력, 문해력을 강조할 수밖에 없는 이유다. 충분한 독서는 개념, 문제의 의미를 잘 파악하고 해결할 수 있도록 해주는 것이다.

그래서 수학 공부와 함께 하루 10분 독서를 할 것을 원칙으로 정해서 지키도록 한다. 독서는 어렵게 할 필요는 없다. 아이의 독서 수준을 파악하고, 적합한 독서를 하면 된다. 혹시 아이의 독서 수준이 낮더라도 걱정할 필요가 없다. 차근차근 책 읽기를 시작하면 된다. 안 하는 것이 문제이지 시작했다면 자기 연령 수준의 책 읽기까지는 쉽게 할 수 있다.

초등수학 공부 원칙 둘째, '복습을 하자'이다. 수학 공부에 대한 이야기를 하면서 항상 의견이 팽팽히 맞서는 것 중의 하나가 선행을 해야 하나? 복습을 해야 하나? 이다. 여기에 정답은 없다. 아이의 성향에 따라 선행이 맞는 아이는 선행을, 복습이 맞는 아이는 복습을 하는 것이 좋다. 그러나 20년 가까운 교직 경험을 통해 복습을 좀 더 권장하는 편이다.

수학 공부를 할 때 복습을 좀 더 권장하는 이유는 먼저, 선행을 해 오면 수업 시간에 집중 하지 않고 문제만 풀려고 하는 등 수업 태도가 안 좋다. 수업 태도가 안 좋으면 교사의 설명을 잘 안 듣는 것도 문제지만 스스로 복습할 시간도 놓쳐 버린다. 그러면 돈과 시간을 들여 선행한 효과를 크게 볼 수 없다. 여기서 한 가지 더 짚고 넘어가자면 선행과 예습은 다르다는 것을 이해했으면 한다. 선행과 예습 둘 다 학교 정규 수업 시간에서 배우는 내용보다 앞서 배우는 것은 맞지만, 그 학습 범위와 목표가 다르다.

다음으로 에빙하우스의 '망각곡선'에 따른 장기기억 때문이다. 독일의 심리학자 헤르만 에빙하우스가 1885년에 발표한 연구 결과로 정보를 처음 학습한 후, 초기에는 빠르게 망각이 일어나지만, 시간이 지남에 따라 망각 속도가 감소하고 일정 수준 이후에는 기억이 안정화된다는 것이다. 수치로 살펴보면 학습 직후 20분이 지나면 학습했던 내용의 58%를 기억(42% 망각), 하루가 지나면 33%를 기억(67% 망각)한다. 그래서 에빙하우스의 망각곡선을 활용한 학습을 하면 배운 내용을 장기기억화 할 수 있다. 장기기억된 내용이 많으면 많을수록 수학 공부를 하는 데 쉽다고 느낄 수 있기 때문에 심리적인 측면에서도 긍정적이다.

또 '복습' 자체의 중요성 때문이다. 복습은 학습한 내용을 잊지 않도록 기억을 저장할 수 있다. 새로운 정보를 학습할 때, 그 정보를 기억하는 것이 아니라 저장하는 것이 중요하다. 복습은 학습한 정보를 오랫동안 기억하도록 장기기억화를 돕는 역할을 한다.

복습은 기억력을 강화하고, 정보를 더 깊이 이해하도록 하는데 복습을 통해 기억력이 강화되면 더 많은 정보를 기억하고, 그것을 바탕으로 문제 해결과 응용을 더 효과적으로 할 수 있다. 또, 복습을 통해 정보를 더 깊이 이해하면 새로운 개념과 지식을 습득하는 것을 더 쉽게 할 수 있고, 시간도 더 단축된다. 복습은 새로운 정보를 학습하고 기억하는데 중요한 비계가 되어 효과적인 학습과 기억력을 강화할 수 있다.

마지막으로 자기주도학습이 가능하기 때문이다. 자기주도학습은 아이들 스스로 학습과정을 선택하고 공부를 진행해나가는 것을 말한다. 복습은 아이들이 배운 내용으로 학습과정을 선택하고 공부를 진행할 수 있기 때문에 새로운 내용을 학습하는 것보다 부담이 덜하다. 자기주도학습 내용을 아는 내용 80%와 도전할 내용 20%로 구성해서 학습한다면 쉽게 실천하고, 지속적으로 할 수 있다. 복습은 배운 내용을 다시 확인하고 잘못된 이해가 있는지 확인하고 수정하여 다시 이해하는 과정을 거치기 때문에 자기주도학습이 가능하다. 그리고 배운 내용을 반복해서 학습했기에 이해력이 깊어져 응용문제도 피하지 않고 도전할 수 있다.

초등수학 공부 원칙 셋째, '어려운 문제는 한 문제를 풀더라도 스스로 푼다'이다. 위에서 복습을 통한 자기주도학습을 수학 공부 원칙으로 정하면 좋다고 했다. 그리고 자기주도학습 내용은 기본 문제 80%와 심화 문제 20%로 구성하면 좋다고 했다. 이때 심화 문제는 반드시 스스로 해결한다는 원칙을 세워야 한다. 일일 학습량을 정하고 자기주도학습을 실시하는데, 심화 문제를 스스로 풀다 보면 쉽게 해결되지 않을 때도 있는데 이럴 경우에도 한 문제를 풀더라도 내 힘으로 스스로 풀어낸다는 원칙으로 공부해 수학 공부의 인내심을 가지는 것이다. 앨런 코헨의 〈내가 정말 원하는 삶은 따로 있다〉에서 우리가 왜 수학 공부에서 인내심을 가져야 할지 이야기하고 있다.

"목적을 이루기 위해 견딘 시련들이야말로 우리가 얻을 수 있는 가장 커다란 승리이다. 위대한 사람들이 처음부터 영광의 월계관을 쓰는 일은 극히 드물다. 종종 세상을 바꾸는 가장 큰 힘은 경험과 역경을 통해 자라난다."

수학 실력을 높이기 위해 어려운 심화 문제를 스스로 해결하고자 하는 노력이 아이들을 성장시킨다. 쉬운 문제만 풀거나 심화 문제를 스스로 푸는 것을 회피하면 원하는 목적을 이룰 수 없다. 뛰어난 수학 실력의 결과는 어려운 문제를 스스로 푸는 경험과 그 문제를 해결해냄으로써 나타난다. 수학 공부가 수학 실력을 향상시키는 결과를 내기 위해서는 수학 공부의 원칙을 세워야 한다.

첫째, 문해력의 향상을 위해 반드시 매일 책 읽기를 한다.
둘째, 자기주도학습법으로 복습을 한다.
셋째, 어려운 문제는 한 문제를 풀더라도 스스로 푼다.

B(irth)와 D(eath) 사이의
습관 기르기

사람은 7세 이후부터는 습관을 통해 모든 것을 배운다고 했다. 수학 공부도 습관을 만들면 배움의 과정이 수월하다. 매일 어떤 수학 공부 습관을 만드냐에 따라 미래의 수학 실력이 달라진다. 정소장 저자의 〈몸값 높이는 독서의 기술〉에서 습관의 중요성을 이야기하고 있다.

> "죽은 씨앗은 아무리 물을 주어도 싹을 낼 수 없지만, 생명이 있는 씨앗은 썩은 땅에서도 반드시 싹을 내고 꽃을 피우고 열매를 맺는다."

우리 아이들 안에는 모두 '수학을 잘하고 싶은 마음'이라는 살아 있는 씨앗이 있다. 이 씨앗은 어떤 수학 공부 습관을 만드느냐에 따라 수학 실력이 향상될 수도, 수포자가 될 수도 있다. 그러나 이 씨앗은 절대 죽지 않는다. 물을 주기만 하면 언제든 살아난다. 즉, 수학 공부 습관을 제대로 만들면 언제든 '수학을 잘하고 싶은 마음'이라는 씨앗을 새싹으로 거듭나게 할 수 있다는 것이다. 그리고 그 새싹은 제대로 된 수학 공부 습관을 통해 수포자가 아닌 나날이 수학이 향상되는 실력을 갖게 될 것이다. 씨앗은 매일 물을 먹어야 성장한다. 매일 마신 물로 하루 동안 무럭무럭 자라난다. '수학을 잘하고 싶은 마음'이라는 씨앗도 수학 공부 습관을 통해서 나의 수학 실력 향상을 이끌 수 있다.

매일 하는 수학 공부 습관은 매일매일 조금씩 공부하는 것이다. 전국의 상위 0.1% 공부 잘하는 아이의 인터뷰 기사를 읽은 적이 있다. 이 학생들은 모두 공부 습관이 중요하고 하루라도 빠짐없이 공부하라고 조언하고 있다. 그리고 엄격히 실천해야 한다고 했다. 단 10분을 공부하더라도 그날 배운 내용을 다시 들춰보는 습관이 수학 상위 0.1%의 성적을 만들었다고 했다.

"적은 분량이라도 매일매일 공부하는 것이 중요하다. 그래야 공부의 감을 잃지 않고 유지할 수 있다. 방학 때도 지켰다. 공부습관이 몸에 배면 공부를 해도 지치지 않는다."

수학 공부 습관을 만들 때 기초 기본 소양을 기른다는 초등학교 교육목표를 항상 기억해야 된다. 초등학교에서 수학의 기초 기본을 튼튼하게 해야 중·고등 수학이 좋은 열매를 맺을 수 있다. 기초 기본을 만드는 과정이므로 수학 공부 습관은 천천히 그러나 정확하게 만들어야 한다.

황농문 저자의 〈몰입〉에서 수학 공부 습관의 힌트를 얻으면 좋을 것 같다. 일반적으로 대부분의 학생들은 어떻게 풀어야 할지 모르는 수학 문제에 부딪히면 자신은 아무리 노력해도 그 문제를 풀 수 없을 것이라고 단정한다. 이렇게 어려운 문제는 푸는 법을 배워서 터득해야만 풀 수 있다고 생각한다. 그러나 당장 해결할 수 없는 문제라도 포기하지 않고 계속 생각해서 풀려고 연습하면 처음에는 실패하겠지만, 어느 순간 아이디어가 떠올라 생각만으로 문제를 푸는 경험을 하게 된다. 절대 풀 수 없을 것 같던 문제를 얼마 동안의 생각만으로 해결하는 경험은 놀라운 감정을 가져다준다. 이러한 경험을 몇 번 하면 이제 자신을 믿게 되고, 자신감을 가지고 생각하기를 실천할 수 있다. 단언하건대 누구든지 자신의 수준에 적절한 문제를 가지고 연습을 하면 이런 경험을 할 수 있다. 이런 경험을 여러 차례 반복하다 보면 아무리 어려운 문제라도 논리적인 사고를 통해 풀 수 있다는 사실을 믿게 된다. 그리고 문제를 푸는 즐거움을 경험하게 되고 이 경험이 나중에는 말할 수 없는 희열로 발전한다.

수학 공부 습관을 만들 때 문제를 풀면서 생각하기 연습을 천천히 그러나 포기하지 않고 하도록 해야 한다. 그리고 이런 경험을 반복해야 한다. 그래야 자신을 믿고 자신감을 가지고 생각하기 연습을 포기하지 않게 된다. 생각하기를 포기하지 않게 된다면 생각을 통해 문제를 풀 수 있다는 사실을 믿는다. 그리고 생각해서 문제를 푸는 즐거움을 알게 되고 수학 공부의 희열감을 맛보게 된다. 수학 공부에서 희열감을 느껴 보지 못한 아이들은 있어도 한 번만 느껴본 아이들은 없다.

아이들이 수학 공부를 하게 되면 학년이 올라갈수록 질문을 하는 횟수가 줄어들거나 거의 없다. 교과서의 내용과 선생님의 설명을 그냥 수용할 뿐 '왜'라는 질문을 하지 않는다. 완벽하게 이해해서 안 하는 건지, 아는 게 없어서 안 하는 건지 질문을 하라는 이야기를 하면 조용히 시간만 흘러간다.

그러나 수학 실력 향상을 위한 공부에서는 반드시 '왜'라는 질문이 끊임없이 이루어져야 된다. 수학 공부 습관을 만들 때 아이들이 '왜'라는 질문을 할 수 있도록 만들어야 한다. 최승필 저자의 〈공부머리 독서법〉에서 '왜'라는 질문을 하는 것이 왜 중요한지 설명하고 있다.

이런 의문이 들 수 있다. '우리 아이는 아직 어린데 지식의 구조까지 알아야 하는가?' 저는 아이가 어린 시절에 몸으로 체화해야 할 단 하나의 지식이 있다면, 그것은 바로 '모든 지식은 원인과 결과의 쌍으로 이루어져 있다'는 사실을 깊이 이해하는 거라고 생각한다. 모든 것에 '왜?'라고 물을 수 있는 능력이야말로 아이가 갖출 수 있는 최고의 능력이다. 어려서부터 지식의 구조를 내면화하지 못한 아이, '왜?'라고 물을 수 없는 아이는 지식을 다루는 방법을 모른다. 지식을 만나면 그냥 외운다. 주야장천 정보만 입수하는 것이다. 이렇게 입수한 정보는 매력이 없기 때문에 시간이 지나면 잊게 된다. 설사 기억한다 해도 암기력 향상 외에는 별다른 의미가 없다.

수학 공부 습관을 만들 때 '왜'라는 질문을 할 수 있는 지식의 구조를 내면화해야 한다. 그렇지 않으면 수학 지식만 습득하기 위한 암기 수학을 할 수밖에 없다. 암기 수학이 되면 풀이 과정조차도 '왜' 그런지 생각을 못 하고 외우기만 할 것이다. 많은 원인과 결과로 이루어져 있고, 원인과 결과가 꼬리에 꼬리를 물어서 최종 답을 도출해 내는 과목인 수학에서 '왜'라는 질문을 하지 못한다면 지식의 구조가 내면화되어 있지 못했다는 것이고, 수학의 지식을 다루는 방법도 모른다는 것을 의미한다.

그래서 '왜'그런지 질문을 습관처럼 할 수 있도록 수학 공부 습관의 한 가지로 만들어야 한다. 앞으로 아이들이 살아갈 세상에는 무엇을 알고 있느냐를 묻는 문제보다 알고 있는 지식으로 문제를 해결할 수 있느냐, '왜'라고 묻는 질문에 알고 있는 지식으로 원인과 결과를 파악하여 결과를 도출해 내느냐가 관건이 될 것이다. 우리는 무의식에 새겨진 습관에 의해 살아간다. 존 드라이든의 명언 '처음에는 우리가 습관을 만들지만, 나중에는 습관이 우리를 만든다'는 습관이 우리 삶에 미치는 영향을 잘 나타내고 있다.

처음에는 우리 아이가 수학 공부 습관을 만들지만, 나중에는 수학 공부 습관이 우리 아이의 미래를 결정할 것이다. 잘 만든 수학 공부 습관이 우리 아이의 꿈을 바꿀 수 있다. 잘 만든 수학 공부 습관은 다음과 같이 만들기를 권한다.

첫째, 적은 분량이라도 매일 공부한다.

둘째, 천천히 포기하지 않고 생각하기 연습을 한다.

셋째, 한 문제라도 '왜' 그런지 질문을 한다.

수학 독해력 기르기

1학년을 맡았을 때의 일이다. 수학 시간에 기본 개념을 설명하고, 기본 개념이 적용된 문제를 풀어보는 시간이었다. 기본 개념이 이해된 것을 확인한 후 수학익힘책을 푼다. 문제를 푸는 것에 대한 안내를 끝내자마자 질문을 한다. 아이들이 무슨 질문을 할 것 같은가?

"무엇을 구하면 되나요?", "이거 계산하면 되죠?"

분명 문제에 대한 제시문이 나와 있는데도 질문을 한다. 1학년의 경우 활동을 시작하기 전에 몇 번씩 확인을 하고 시작하는 아이들이 있다. 수학 시간에도 그럴 것이라 생각하고 확인해 주어 활동을 시켰다. 그런데 6학년 수학시간에도 비슷한 상황이 있었다. 그 후 아이들이 무언가를 시작하는데 약간의 두려움을 느껴 확인받는 것이 아닐 수도 있다는 생각이 들어 담임을 맡을 때마다 수학 시간을 관찰했다. 그리고 알게 됐다. 문제를 풀 때 제시된 제시문을 읽고 이해하는데 문제가 있었던 것이다.

몇 가지 유형이 있는데, 첫 번째 유형은 문제의 제시문을 잘 읽지 않는 경우가 많다. 그냥 숫자만 보고 계산부터 하는 경우이다. 대부분 1~2학년에서 그런 경우가 많지만, 각 학년별로 조금씩은 있다. 두 번째 유형은 문제의 제시문은 읽었는데 이해를 못 하는 경우이다. 한 줄의 제시문이지만 그 제시문의 뜻을 교사에게 설명해달라는 것과 난독증과 비슷한 형태로 읽는 경우이다. 1~2학년에서 많이 나타나지만, 3~4학년에서 꽤 나타난다. 세 번째 유형은 서술형 문제를 읽고 해석을 못하거나, 일부분만을 읽고 답을 찾아서 적고는 문제를 다 해결한 것으로 생각하는 경우이다. 3학년 이상에서 많이 나타난다.

문제를 이해하지 못하면 문제를 해결하지 못한다. 이런

문제를 발견한 후에는 문제를 풀리기에 앞서 문제를 읽는 활동을 먼저 한다. 개별로 읽고, 함께 읽고 그 문제를 해석하는 활동까지 한 후 문제를 풀게 한다. 그러면 문제를 읽지 못하거나 잘못 이해하여 틀리는 경우는 많이 줄어든다.

이것이 '문제 읽기를 통한 수학 독해'이다. 아주 초보단계로 문제를 먼저 읽어보고 그 뜻을 스스로 말해보게 하는 것이다. 이 활동은 책 읽기를 잘 하고 있는 아이들의 경우 안 해도 된다. 덧붙여 책 읽기에서 줄글로 된 책을 꼭 읽어야 됨을 다시 한번 강조하고 싶다.

문제 읽기를 통한 수학 독해의 다음 단계는 문제를 나눠서 읽어 보는 것이다. 두 줄 이상 된 문제에 대해서 한 문장씩 나눠읽고 그 뜻을 알아보고 무엇을 구하라고 하는지 아이들이 찾는 활동을 하고 문제를 푸는 것이다. 그리고 문제를 보고 문제에 들어 있는 수학 개념을 말한다.

초보단계를 한 아이들 대부분은 이 단계는 쉽게 한다. 그럼에도 초보단계와 구분하는 경우는 1~4학년의 경우 글자는 읽지만 그 뜻을 이해 못 하는 아이들이 있기 때문에 그런 아이들이 있는지 확인하기 위해서이다.

문제 읽기를 통한 수학 독해의 세 번째 단계는 서술형 문제를 읽고 문제를 해석하고, 문제 속에 들어있는 수학 개념을 찾아내고 어떤 문제 해결 전략이 유용한지 알아보는 단계이다. 문제만 정확하게 읽어도 수학 공부에는 큰 어려움이 없다. 그러나 이 단계의 경우에는 평소에 연습이 되어있지 않으면 수학이 어렵다고 느낀다. 과정을 간단하게 서술했지만 여기에는 많은 기능과 능력이 포함되어 있기 때문이다. 즉, 문해력, 수학 개념의 이해, 집중력, 사고력, 문제 해결 전략 등이다. 하시모토 다케시의 〈슬로리딩〉의 경험하고 이해하는 독서를 통해서 '문제 읽기'를 해야 하는 이유를 좀 더 알아보면 좋을 것 같다.

슬로리딩이란 단기간 많은 양의 책을 읽는 것이 아니라 한 권의 책을 천천히 깊게 읽어 그 책을 온전히 내 것으로 만드는 독서법이다. 한 아이의 성장일기를 담은 소설 〈은수저〉를 학생들과 함께 3년간 읽으면서 평범한 중학교를 일본 최고의 명문고로 만들었던 하시모토 다케시 선생님의 독서법으로 소설 한 권을 샅샅이 곱씹으며 읽어서 깊은 독서의 경험을 하는 것이다.

여기에서 한 권의 책을 천천히, 나누어서, 반복해서 읽는 것이 중요하며, 단어와 문장의 구성을 깊이 이해하고,

내용을 분석하여 읽는 것이다. 이런 깊이 있는 독서는 아이들의 언어능력을 끌어올리고 사고력을 끌어올리고 질문하는 힘을 끌어올리는 것이다.

수학 공부에서도 문제 읽기를 통한 수학 독해를 슬로리딩으로 한다면 수학 문제를 내 것으로 이해하여 문제를 풀 수 있는 기본을 마련하는 것이다. 한 문제를 천천히, 나누어서, 반복해서 읽다 보면 수학의 개념을 이해하고, 문제 속의 수학 개념과 개념 관계를 생각하고, 문제 해결 전략을 마련할 수 있다. 물론 슬로리딩의 본질적인 효과를 보려면 별도의 '책 읽기를 통한 슬로리딩'이 이루어져야 된다는 것을 잊어서는 안 된다.

앞서 수학 문제를 문제 읽기를 통한 수학 독해 연습으로 한다면 수학 실력 향상에 많은 도움이 된다고 했다. 그런데 문제를 읽어내는 것은 문제에서 해결 전략을 찾아내는 것이다. 즉, 문제 해결 전략까지 있어야 어떤 문제든지 해결 가능하다. 2020년 12월 4일 자 〈지역내일〉의 교육기고 '수학 문제 해결력 기르는 방법'에서 수학 문제 해결력 전략을 설명하고 있다.

"수학 문제 해결력이라는 것은 낯선 문제, 비정형화된 문제, 어려운 문제 등을 자기 스스로 문제를 분석하고, 해석해서 오랜 시간 동안 고민하여 해결하는 능력을 뜻한다. 여기서 중요한 것은 '어려운 문제'가 초점이 아니라, '자기 스스로'가 초점이다. 수학 문제 해결력이 극대화되면 어떤 현상이 벌어질까?"

개념만 알면 모든 문제를 풀 수 있는 상태가 된다. 즉, 한 권만 제대로 풀면, 어떤 유형이 시험에 나와도 100점을 받을 수 있는 상태가 되는 것이다. 반대로 문제 해결력이 없으면, 문제집 10권을 풀고 유형 100개, 1000개를 암기해야 100점을 받을까 말까 한 상태가 된다.

여기에서도 결국 '스스로의 힘'으로 문제를 분석하고 해석하면서 고민하여 해결하라고 강조하고 있다. 나의 언어로 문제를 분석, 해석하고, 배운 수학 개념을 고민해서 적절하게 적용하면 모든 수학 문제는 풀린다는 것을 말한다. 한마디로 말하면, "문제를 알고, 전략을 고민하고, 개념을 적용하여 푼다"이다.

더하여, 여기에서는 자기주도학습, 답지와 이별, 쉬는

시간 10분 동안 어려운 문제 풀기, 친구들 질문 받기, 악조건에서 문제 풀기 등을 연습하면 수학 문제 해결력이 길러진다고 했다. 다양한 시간과 방법으로 문제를 분석하는 힘을 기르라는 뜻이다. 수학 문제는 글로 표현된다. 결국 언어능력이 필요하고 독해가 필요하다. 제일 좋은 방법은 책 읽기를 통해 문해력을 높이는 것이지만 책 읽기를 한다고 문해력이 단숨에 높아지지는 않는다. 또, 수학 과목은 특성상 추상화, 상징화, 형식화가 많이 되어 있어서 문제 읽기를 통한 수학 독해가 필요하다.

문제 읽기를 통한 수학 독해는 제대로 된 문제 읽기를 통해서 가능하며, 슬로리딩과 같은 방법을 활용하여 수학 문제를 깊이 이해하고 문제 해결력을 극대화한다면 수학 실력향상은 그리 어려운 것이 아니다.

초등수학, 심화가 진짜 실력이다

앞서 유독 수학 성적에 관심을 보이는 아이들과 부모님들이 있다고 했다. 그 사람들은 그 점수만으로 아이의 수학 성적을 판단하는 오류를 범하고 있을지 모른다. 학교에서 치러지는 평가는 교과서 수준의 문제로써 서점에 나와 있는 기본개념서 정도의 문제 수준이다. 학교에서는 교육과정 성취 수준의 도달을 우선으로 한다. 더 쉽고 단순한 문제와 더 어렵고 심화된 문제는 아이들 개별 수준에 따라 개별학습에 적합하다고 생각한다.

그래서 학교에서 과정중심평가의 한 방법으로 치른 평가의 성적을 부모님들은 우리 아이의 수학 성취 수준이 도달인지 아닌지 정도로 판단하고, 도달되었다면 반드시 심화학습을 하도록 하여 아이의 수학 수준을 좀 더 높여주어야 한다. 왜냐하면 공부는 아이의 몫이며 숙달이 되도록 연습이 필요하기 때문이다.

예를 들어 '자전거 타기'를 배운다면 타는 방법과 주의사항, 타는 경험은 수업 시간에 하지만, 그것을 능숙하게 타게 되는 것은 직접 몸으로 익혀야 가능하다. 수학도 마찬가지다. 겨우 수학 이론과 문제 몇 번 푼 경험으로는 자기 것으로 만들지 못함으로 아이가 '몸소' 익히고 부딪히며 터득하여야 하는 것이다. 자전거를 능숙하게 타기까지의 과정을 이해한다면 수학도 능숙하게 되기까지 많은 시간과 노력, 시행착오와 수정의 과정이 필요하다는 것을 알것이다.

그래서 수학 공부를 할 때 기본 문제뿐만 아니라 심화문제를 반드시 풀면서 익혀야 한다. 아이가 힘들어한다고 진도가 안 나간다고 기본 문제만 계속 풀면 아이의 수학 실력 발전은 기대할 수 없다. 또 심화문제가 안 되는데 선행학습을 한다는 것은 더욱더 사상누각이다.

앞서 수학은 계통성을 가진 과목이라고 했다. 오늘 배운 수학 내용이 내일 당장의 기초가 아니더라도 기초가 된다.

기초가 튼튼하지 않으면 결국에는 무너지게 되어 있다. 심화문제를 연습하는 것은 그 기초를 완전히 튼튼하게 하기 위함임을 이해하고 선행보다 심화학습에 많은 노력을 기울여야 할 것이다. 또 심화학습을 하게 되면 반복학습 효과를 볼 수 있어 수학 개념을 튼튼히 하는데도 도움이 된다.

그럼 심화의 기준은 무엇일까? 수학에서 심화의 기준은 수학 실력에 따라 다르다. 심화문제를 수학 교과서와 함께 제공되는 수학 익힘책 수준보다 어려운 문제라고 생각할 수 있지만 진짜 심화문제는 아이 수준보다 어려운 문제를 말한다. 심화의 기준은 상대적인 것이다. 심화의 기준을 잡을 때는 '내 아이'를 기준으로 잡아야 한다. 내 아이의 성취도가 70% 정도의 정답률을 보이는 학습이 적당한 심화 수준이다. 당연히 수학 실력이 낮거나 느린 아이인 경우는 수학 교과서와 수학 익힘책도 어렵기 때문에 심화학습의 교재가 될 수 있고, 수학 실력이 높은 아이의 경우는 수학 경시 문제가 심화학습의 교재가 될 수 있다.

한 가지 당부할 사항은 여기에서 말하는 심화학습은 시중에 나와 있는 교재를 구분해 놓은 기본, 응용, 심화에서의 심화를 말하지 않는다. 여기서의 심화는 응용과 심화를 포함한 의미라는 것을 꼭 알았으면 한다. 그것은 내 아이를 기준으로 심화를 판단하기 때문이다. 수학 수준별로 학습 내용은 다음과 같다.

> 기본: 학교 교과서 수준의 문제와 약간의 응용문제를 학습하면 된다.
> 기본 + 응용: 학교 교과서 단원별, 영역별 개념, 연습, 응용문제를 학습하면 된다.
> 심화: 기본 + 응용문제를 무난히 푸는 학생에 적합하며, 문제 해결력과 사고력을 키울 수 있는 문제를 학습하면 된다. 100% 서술형 문제를 학습하면 문제 해결력을 기르는데 좀 더 도움이 된다. 또한 창의사고력을 기르고 싶으면 수학적 탐구 활동이 많은 내용을 학습하면 된다. 테마별 탐구학습은 학교 수학 교과의 내용과 약간의 거리가 있지만 사고력 확장에는 도움이 된다.

그리고 별도의 서술형 문제를 학습할 수는 있지만 초등학교에서는 독서를 통한 문해력을 기르는 데 집중하고, 서술형 문제는 심화학습을 할 때 기본문제와 함께 구성된 정도로만 하면 된다. 심화학습의 내용까지 살펴봤다. 내 아이의 수학 수준을 점검하고 싶다면 심화문제를 통해서 하고 그것을 기준으로 내 아이의 부족한 부분을 보충하면 학년이 올라가도, 학교급이 바뀌어도 크게 당황하지 않는다.

초등학교에서의 심화학습에 대한 의견은 전문가들 사이에서도, 학부모들 사이에서도 분분하다. 먼저 학부모들의 의견이 어떤지 살펴볼 필요가 있다. 학부모님들은 수학 심화학습이 필요하다는데 대체로 동의하는 것 같다. 수학 심화학습이 필요하다는 의견을 나타낸 블로그 글도 있다. 의견을 참고하기 위해 살펴보면 다음과 같다. 블로그 〈러블리맘의 육아이야기〉의 '초등수학, 심화 꼭 해야 하는 걸까?'에서 수학 심화학습을 하려는 이유를 말하고 있다.

첫째, 사고력 증진은 물론 도전의식과 성취감 등을 느낄 수 있게 하기 위해서 필요하다.
둘째, 다양한 개념을 적용해 볼 수 있기 때문에 필요하다.
셋째, 문제를 풀어내기 위해 많은 생각을 해볼 수 있기 때문에 필요하다.

학부모님들은 사고력 증진, 도전의식, 성취감, 다양한 개념 적용, 많은 생각을 할 수 있기 때문에 초등 심화학습이 필요하다는 것을 주장하고 있다. 전문가들의 의견을 살펴보면 다음과 같다. 2022년 3월 31일 자 〈조선에듀〉의 '초등수학, 심화학습 필요한가… 찬반 입장을 들어보니'에서 류승재 수학학원장 겸 작가와 차길영 세븐에듀 대표의 전문가 2인이 각자의 의견을 내놨다. 류승재 원장은 찬성을, 차길영 대표는 반대를 했다.

　　찬성하는 입장은 "그동안 고등학생들을 가르칠 때 3등급 선에서 성적이 안 오르는 이들을 많이 봤다. 이 수준의 경우 개념은 탄탄하지만 심화문제나 킬러문제 등 낯선 문제를 풀 수 있는 능력이 부족하다. 또 이 시기에는 학습할 시간이 부족한 만큼 학생들은 이를 해결하려는 노력보다 그냥 해설지를 보고 읽는 것에 그친다. 따라서 초등학생 때부터 심화학습을 익히는 노력이 필요하다"는 의견이다. 반대하는 입장은 "학원을 운영하는 입장에서 초·중학교 학생이 심화학습 없이 고등학교 때 1등급 맞고, 킬러 문항도 잘 풀어서 명문대에 입학하는 경우를 봤다. 초등 때 심화학습은 꼭 필요한 것이 아니다"라는 것이다.

두 입장 모두 근거 있는 주장이고 주장에 대한 옳고 그름보다는 결국에는 내 아이를 기준으로 판단하여 적절하게 적용하였으면 한다. 앞서도 밝혔지만 내 견해는 선행학습보다 심화학습을 해야 된다는 쪽이다. 왜냐하면 심화학습은 아이의 수학 수준을 이해할 수 있는 종합선물세트 같은 것이다. 복잡하고 단순한 문제, 어렵고 쉬운 문제, 단순 계산식 문제와 서술형 문제 등이 혼합된 학습을 통해 아이의 수학 성적을 종합적으로 판단할 수 있고, 무엇이 강점이고, 무엇이 약점인지도 파악할 수 있다.

수학 공부는 이론을 배우고 한 번 써보는 경험을 하는 공부가 아니다. 그리고 수학 공부의 내용은 방대하다. 그래서 아이들이 자유자재로 수학을 다룰 수 있으려면 다양한 문제 다양한 깊이의 연습이 필요하다. 그 연습의 내용과 방법이 심화학습이었으면 좋겠다. 심화학습은 배운 기본 개념을 반복하도록 해주면서도 사고력, 문제 해결력, 집중력, 문해력, 성취감까지 맛볼 수 있는 좋은 방법이다. 너무 어렵다고 지레 겁먹고 포기할 필요도 없다. 기준은 내 아이이니 내 아이의 수준에 맞는 '심화학습의 내용'을 아이와 학부모가 정하면 된다.

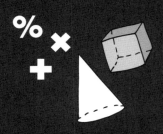

Part 5

기본으로 시작해야
멀리 갈 수 있다

수학은 말과 글로 되어 있다

정보를 습득할 수 있는 방법은 말과 글을 통해서이다. 즉, 언어능력이 있어야 된다는 것이다. 수학도 말과 글을 통해서만 익힐 수 있다. 글을 읽고 이해해야 교과서를 읽고 이해하고, 선생님의 설명은 말을 통해서 듣고 이해한다. 그래서 수학 공부를 제대로 하기 전에 내 아이의 언어능력 점검은 필수이다.

그럼 내 아이의 언어능력은 어떻게 점검할 수 있을까? 언어능력이란 말과 글을 바르게 이해하고 정보나 자신의 의사를 말과 글을 이용하여 정확하게 표현할 수 있는 능력이다. 좁은 의미로 학문을 수행하는 능력으로서 언어능력과 넓은 의미로는 읽기 능력과 이치에 맞게 생각할 수 있는 사고력을 포함한 능력을 말한다. 즉, 언어능력은 읽기 능력과 사고력을 말하고 이것은 국어의 기능 중에 하나인 도구로서의 기능인 학문을 익히는 핵심 도구 기능을 의미한다.

최승필 저자의 〈공부머리 독서법〉에서 읽기 능력 판별법으로 아이의 언어능력을 어느 정도 짐작해 볼 수 있다고 했다. 아이의 읽기 능력을 판별하는 가장 확실한 방법은 언어능력 평가도구를 이용해 측정해 보면 가장 확실하지만 아이의 상태를 관찰하는 것만으로도 아이의 읽기, 우열 상태를 어느 정도 짐작해 볼 수 있다. 다음의 항목으로 아이의 읽기 능력을 판별해 보면 좋을 것 같다.

> 국어를 싫어한다: 국어는 읽기 능력을 엿볼 수 있는 척도이다.
> 다른 과목에 비해 국어 성적이 낮다: 과목 간 상대 점수를 살펴보는 것으로 다른 과목의 성적은 90~100점인데 국어만 80~90점인 아이는 읽기 능력이 낮을 가능성이 크다. 이런 아이의 국어 성적은 읽기 능력이 아니라 강사의 설명이나 문제 풀이를 통해 학습된 결과로 봐야 된다.

❯ 월평균 두 권 이하의 책을 읽는다: 극소수 예외를 제외하고 독서량은 읽기 능력과 불가분의 관계이다. 많이 읽는 아이가 읽기 능력이 높다.

❯ 독서 속도가 빠르거나 학습만화를 주로 읽는다: 읽기 능력은 '읽고 이해하는 과정'에서 성장한다. 눈으로 훑듯이 읽는 속독을 하면 아무리 많은 책을 읽어도 읽기 능력이 성장하지 않는다. 그림 기반의 책인 만화 역시 읽기 능력과 무관하다.

❯ 사교육 의존도가 높다: 사교육은 '듣고 이해하는 공부'이다. 성적이 아무리 잘 나와도 읽기 능력과 무관하다. 사교육은 기본적인 읽기 과정조차 생략, 축소함으로써 읽기 능력의 성장을 가로막는다.

❯ 이치에 맞지 않는 질문이나 말을 많이 한다: 아이가 또래 아이들보다 더 자주, 더 심각하게 앞뒤가 맞지 않는 말을 한다면 읽기 능력이 낮을 가능성이 크다. 논리적으로 생각하는 방법을 모른다는 뜻이다.

❯ 초등 고학년이 되면서 성적이 80점대로 떨어진 적이 있다: 평균 95점대를 유지하던 성적이 초등 5~6학년 시기에 갑자기 80점대로 떨어졌다가 회복한 경험이 있

다면 읽기 능력을 의심해 봐야 한다. 아이가 초등 고학년 교과서를 어려워한다는 징후이기 때문이다.

> 컴퓨터 게임이나 스마트폰 게임에 대한 집착이 강하다: 과도한 컴퓨터 게임과 스마트폰은 그 자체로 뇌에 치명적이다.

> 일기나 독후감을 쓸 때 쓸 내용이 없다는 말을 자주 한다: 글을 이해할 능력이 없는 아이는 글을 쓸 능력도 없다. 아이가 서너 줄을 써넣고 더 쓸 내용이 없다는 말을 자주 한다면 읽기 능력이 낮을 가능성이 크다.

이렇듯 생활 속에서 조금만 신경 써서 관찰해도 아이의 언어능력을 점검할 수 있다. 아이의 언어능력이 평균 이하 또는 낮은 경우 수학 공부보다 언어능력을 향상하는데 더 노력해야 한다. 내 아이의 언어능력을 점검해 봤다면 아이들이 자기 학년에 나온 수학 개념들을 자신의 언어로 정리하고 확인할 필요가 있다.

수학 영역별 학년별 핵심 개념과 내용 요소는 다음과 같다.

- 핵심개념1: 수의 체계
- 내용요소: 1~2학년은 네 자리 이하의 수, 3~4학년은 다섯 자리 이상의 수, 분수, 소수, 5~6학년은 약수와 배수, 약분과 통분, 분수와 소수의 관계
- 핵심개념2: 수의 연산
- 내용요소: 1~2학년은 두 자리 수 범위의 덧셈과 뺄셈, 곱셈, 3~4학년은 세 자리 수의 덧셈과 뺄셈, 자연수의 곱셈과 나눗셈, 분모가 같은 분수의 덧셈과 뺄셈, 소수의 덧셈과 뺄셈, 5~6학년은 자연수의 혼합 계산, 분모가 다른 분수의 덧셈과 뺄셈, 분수의 곱셈과 나눗셈, 소수의 곱셈과 나눗셈

도형

- 핵심개념1: 평면도형
- 내용요소: 1~2학년은 평면도형의 모양, 평면도형과 그 구성 요소, 3~4학년은 도형의 기초, 원의 구성 요소, 여러 가지 삼각형, 여러 가지 사각형, 다각형, 평면도형의 이동, 5~6학년은 합동, 대칭

- 핵심개념2: 입체도형
- 내용요소: 1~2학년은 입체도형의 모양, 5~6학년은 직육면체, 정육면체, 각기둥, 각뿔, 원기둥, 원뿔, 구, 입체도형의 공간감각

측정

- 핵심개념1: 양의 측정
- 내용요소: 1~2학년은 양의 비교, 시각과 시간, 길이(cm, m), 3~4학년은 시간, 길이(mm, km), 들이, 무게, 각도, 5~6학년은 원주율, 평면도형의 둘레, 넓이, 입체도형의 겉넓이, 부피
- 핵심개념2: 어림하기
- 내용요소: 5~6학년은 수의 범위, 어림하기(올림, 버림, 반올림)

규칙성

- 핵심개념: 규칙성과 대응
- 내용요소: 1~2학년은 규칙 찾기, 3~4학년은 규칙을 수나 식으로 나타내기, 5~6학년은 규칙과 대응, 비와 비

율, 비례식과 비례배분

자료와 가능성

- 핵심개념1: 자료처리
- 내용요소: 1~2학년은 분류하기, 표, ○, ×, / 를 이용한 그래프, 3~4학년은 간단한 그림그래프, 막대그래프, 꺾은선그래프, 5~6학년은 평균, 그림그래프, 띠그래프, 원그래프
- 핵심개념2: 가능성
- 내용요소: 5~6학년은 가능성

수학 공부를 시작하기 전에 아이의 언어능력을 점검하고, 아이에게 자기 학년의 수학 개념을 자신의 언어로 정리하라고 한다. 이 모두를 포함하여 아이의 수학 실력을 향상시킬 기본은 결국에는 독서이다. 특히 유튜브 등 영상으로 보고 듣는 활동이 일상인 아이들에게 다시 독서활동을 강조하고 싶다.

독서는 국어뿐만 아니라 모든 과목을 잘하게 해 준다. 물론 우리가 관심 있는 수학도 잘하게 해 준다. 독서는 수

학의 서술형 평가에서도 좋은 결과가 나올 수 있도록 해 준다. 다양한 분야의 독서는 배경지식을 넓힐 뿐 아니라 통합적 사고 능력을 키워준다. 또한 현대의 정보화 시대에 꼭 필요한 문제 해결력을 키워 준다. 문제를 종합적으로 파악하고 해결할 수 있는 창의적인 문제 해결력도 독서를 통해서만 가능하다. 독서는 수학 공부할 때 필요한 통합적인 사고력, 문제 해결력을 갖출 수 있도록 해준다.

수학을 잘하려면 기본 능력을 잘 갖추어야 한다. 그 기본 능력이 언어능력이고, 수학 개념이고, 독서이다. 독서를 통해 언어능력을 키우고, 키워진 언어능력으로 수학 개념을 정립하면 수학 실력은 향상될 수 있다.

내 아이를 아는 것은
수학 실력 향상의 지름길이다

각 단원 수학 수업을 할 때 항상 선수학습에 대한 확인 평가를 한다. 수학은 계통성의 과목이다. 아이들에게 앞으로 배울 단원의 앞선 내용을 스스로 알고 있는지 확인하도록 하고, 혹시 잊어버린 아이들에게는 다시 설명하면서 배운 내용을 상기시킨다. 그만큼 수학은 선수학습이 중요하고, 아이들은 자신들의 공부 준비 상태를 점검하여 새로운 내용을 배울 수 있도록 하는 것이다. 2023년 9월 27일 자 〈피플투데이〉 하영철 칼럼 '선행학습보다 선수 학습력을 갖추는 것이 중요하다'에서는 선수학습의 중요성을 이야기하고 있다.

"선수학습은 학습하기 이전에 학생이 습득해야 할 지식, 기능, 태도, 학습 방법 등의 능력을 말한다. 수학 시간에 교사가 가르치는 학습과제를 이해하고 풀 수 있는 선수 학습력이 갖추어져 있지 못한 학생은 학습결손을 갖게 되고 이런 일의 계속은 누적적 결손을 가져와 학습에 흥미를 잃게 되고 나아가 그 교과목 지도 선생님이 싫어지게 되어 공부를 멀리하게 된다. 특히 위계성이 강한 수학이나 과학 교과는 더욱 선수 학습력이 중요하기 때문에 주어진 학습과제를 이해하지 못하고 선생님의 지도를 따라가지 못하는 경우에는 부모의 지도가 반드시 필요하다. 부모가 자녀를 가르칠 수 없는 경우에는 개인 지도나 학원을 보내서라도 선수 학습력을 갖추게 해야 한다. 선수 학습력의 결핍은 자녀들이 공부를 싫어하게 되는 가장 큰 요인임을 생각하자."

수학은 위계성을 가진 과목으로 오늘 배울 내용의 사전 지식이 없으면 배운 내용을 제대로 이해할 수가 없다. 오늘 배운 내용을 충분히 이해하지 못하면 다음에 배울 내용을 완전히 이해하지 못하는 악순환이 계속되고 아이는 수학에 흥미를 잃을 수 밖에 없다. 흥미가 없어진 과목은 잘 할 수 없을 뿐만 아니라 싫어지고 포기 하게 된다. 아이의 자신감까지 깎아내리는 결과까지 나올 수 있다. 기본 학습력이 없는 아이는 학교에서 괴로운 시간을 보내며 시간과 노력을 허비하게 된다.

앞서 메타인지 학습법의 유용성을 이야기했다. 수학 실력의 향상을 위해서는 메타인지 학습법은 아무리 강조해도 지나치지 않다. 심리학과 교육학의 실험에서도 공부나 성공에 관여하는 능력은 IQ보다 메타인지의 능력과 훨씬 더 큰 연관성을 보인다고 했다. 메타인지는 선천적으로 정해진 것이 아니라 노력이나 훈련에 의해 발달할 수 있는 능력이다.

2010년 11월 방영한 EBS 교육대기획 〈학교란 무엇인가〉 10부작 중 9부 사교육 분석 보고서에서는 메타인지력에 대해 다음과 같이 언급하고 있다. 메타인지력에서 '메타(Meta)'는 '최상의', '초월의', '최고의'라는 접두어로 최상의 앎, 쉽게 말해 '진짜 안다'라는 뜻이다. 메타인지력이란 '자신이 아는 것과 모르는 것을 구분할 줄 아는 능력으로 공부를 잘하는 아이와 못하는 아이의 가장 큰 차이점은 잘하는 아이의 경우 수업이나 시험이 끝난 뒤 자신이 아는 것과 모르는 것을 구분하는 습관을 갖고 있다고 한다. 다시 말해 안다는 것의 의미는 완벽한 숙지로 본인이 스스로 관련 내용에 대해 남에게 설명할 수 있는 정도의 수준이다. 일반적인 아이들은 설명을 듣고 이해했을 때 그것을 안다고 표현하지만 진짜 아는 것이 아닐 수 있다.

우리 아이들이 '안다'고 할 때 '진짜 아는지' 점검해야 된다. '진짜 안다'는 것은 남에게 정확하게 설명할 수 있어야 한다. 공부를 한 후 아이들이 직접 그 내용을 설명할 수 있는지 메타인지력을 확인해야 한다. 메타인지력이 높은 아이의 특성을 이해하고, 우리 아이의 메타인지력을 확인하는 방법으로 활용하면 좋다.

> 메타인지력이 높은 아이는 공부에서 모르는 부분에 대해 완벽하게 숙지할 수 있을 때까지 매달린다. 혹시 모를까 봐 정리에 정리를 반복하는 모습을 보인다.
> 책상 정리 방식에서도 메타인지력을 엿볼 수 있다. 자신이 더 많이 쓰는 물건, 덜 쓰는 물건을 정확히 파악하고 그에 맞게 정리하는 습관이 있다.

> 시험을 보고 난 뒤 정답을 맞춰보지 않아도 본인의 점
> 수를 어느 정도 예측 가능하다.
> 틀린 문제를 대하는 태도가 다르다. 메타인지력이 낮
> 으면 '아는 문제인데 실수했다'는 표현을 곧잘 한다. 메
> 타인지력이 높으면 실수라고 생각하지 않고 '몰랐던 것
> 이다'라고 말한다.
> 내일 시험에 '아는 것만 나왔으면 좋겠다'라고 바라기
> 보다 모르는 것이 나올까봐 안달한다.

내 아이의 수학 선수 학습력과 메타인지를 확인했다면
수학 공부 습관도 점검해 봐야 한다. 블로그 〈이유없이 행
복하라!〉의 '공부의 힘을 기르는 습관의 법칙'에서 공부를
잘할 수 있는 습관에 대해서 다음과 같이 이야기하고 있다.

공부를 잘하려면 공부에 필요한 공부력을 길러주어야 한
다. 공부의 힘이라는 게 아주 특별한 능력처럼 타고나는
것이 아니라 운동을 통해서 근육을 키우듯이 일상생활
에서 습관으로 굳어져야 한다. 그저 머리로 아는 것으로
는 공부력이 길러지지 않는다. 매일 운동을 해야 근육이

커지듯이, 공부력도 매일 공부를 통해서 튼튼해질 수 있
다…(중략) … 좋은 습관이 형성되어야 지속가능한 공부
결과가 나올 수 있기 때문에 좋은 습관을 만드는 것이 학
습적인 성장의 결정적인 요인이 된다. 공부를 하려면 마
음을 먹고, 행동으로 옮기는 과정이 어렵기 때문에 좋은
습관을 만들기 위해서는 일정 기간, 반복적인 노력이 있
어야 한다.

내 아이의 수학 공부가 매일 실천되어 습관으로 자리 잡
았는지 확인해야 한다. 일상생활에서 수학 공부 습관은 머
리가 아닌 매일의 실천으로 해야 한다. 아이가 멈추지 않고
매일 하는지 확인해 보자. 또 공부습관을 만들기 위한 '습관
의 법칙'도 안내한다. 혹시 내 아이가 아직 수학 공부 습관
이 안 갖추어져 있다면 참고해서 실천하면 좋을 것 같다.

첫 번째 법칙: 3일의 법칙, 3일을 잘 견디면 1주일까지는
무난하게 유지할 수 있다.
두 번째 법칙: 3주의 법칙, 21일을 잘 견디면 공부가 많
이 어렵지는 않게 된다.

세 번째 법칙: 3개월의 법칙, 어떤 일이든 66일의 기간은 우리 몸이 완전한 적응 상태를 만들어 공부근육이 만들어져 공부가 자연스러운 일상으로 습관이 된다.

초등학생은 집중하는 시간이 짧으므로 위의 3가지 법칙을 잘 활용하여 수학 공부 습관으로 만들면 아이의 공부 기초체력은 완성될 수 있다. 실력을 높이려면 수학 공부를 열심히 해야 한다. 수학 공부를 잘하기 위해서는 아이의 공부 체력을 확인하고 길러줘야 한다. 아이의 공부체력을 확인하는 방법은 선수 학습력이 갖추어져 있는지, 메타인지력이 높은지, 공부습관이 되어 있는지를 확인하여야 한다.

먼저, 수학은 계통성을 가진 과목으로 새로운 내용을 배우기 전에 앞서 알고 있어야 하는 내용을 알고 있는지 확인해야 아이의 누적적 학습결손이 생기지 않고, 수학에 대한 흥미도 잃지 않는다. 그다음, 내가 진짜 알고 있는지를 스스로 판단할 수 있는 메타인지력의 상태를 점검해야 한다. 이것을 제대로 확인하지 않으면 아이는 모르는데 안다고 하여 제대로 알고 있지 못해 모르는 내용을 보충해야 할 시간을 놓칠 수 있다. 이것 또한 학습결손을 유발할 수 있다.

마지막으로 공부습관이 갖추어져 있지 않으면 '듣는 공부'만 하게 되어 사고력과 문제 해결력을 기를 수 없다. 그러면 좋은 수학 성적은 기대할 수 없다. 수학 공부는 내 아이를 이해하는 것으로부터 시작된다.

수학 공부 습관의 시작은
초등학교부터이다

　최근 들어 초등학교 1학년 담임은 비선호 대상이다. 여러 가지 이유가 있지만 그중 하나가 아이들도 부모님들도 힘들어서이다. 왜냐하면 초등학교 1학년은 교육이 아니라 보육과 교육의 중간 어느 지점에 있기 때문이다. 보통 초등학교 입학 전에는 보육을 한다고 하고, 초등학교 입학 이후 교육을 한다는 말을 쓴다.

　보육은 말 그대로 아이를 보호하고 양육하는 기능이고, 교육은 아이를 가르치는 것을 말한다. 혹자는 보육과 유아교육도 구분하지만, 여기서는 크게 보육과 교육만 이야기하겠다. 수학 공부 이야기를 하다가 보육과 교육을 이야기하니 뜬금없다 생각할지 모르지만, 우리가 말하는 공부를 시작하는 시점이 교육을 받는 시점이기 때문이다.

　교육이 시작되고 공부가 시작되는 것이 초등학교 1학년부터이다. 시작되는 시점에서 우리가 가장 관심을 가져야 될 것은 습관이다. 공부 습관은 초등학교부터 시작되어야 하는 것이다. 공부를 하기 위한 바탕은 언어능력 즉, 문해력이라는 것은 앞서도 여러 번 이야기했다. 초등학교 공부 습관의 시작은 문해력을 갖추는 것이 전부이다. 교육을 바꾸는 사람들의 칼럼 중 〈문해력 이야기①〉 '한국인의 문해력은 나쁘다'에서 교육에서 문해력에 대한 중요성을 이야기하고 있다.

　　"초등교육은 문해력이 전부라고 생각한다. 국어 능력이 바탕이 된 상태에서 중학교를 보내는 것이 초등교육이 해야 할 일이라고 생각된다. 교과서에 나오는 제재를 이해하고 분석할 수조차 없는 아이들이 우리 반에는 많다. 우리 반만 그런가? 문해력이 바탕이 되지 않으니 프로젝트 수업이 어렵다. 예를 들어 프로젝트 수업 후 평가할 때 참 재미있었다, 즐거웠다 등 단순한 표현밖에 되지 않는다. 더 깊게 알고, 제대로 자기를 표현하는 능력을 길러주고 싶다. 사회나 과학 프로젝트를 할 때 학생들에게 사료, 텍스트를 주면 이해하지 못한다. 다음 단계를 가야 하는데 갈 수가 없다. 교사는 조급해지고 결국 아이들이 해결해야 할 것들을 교사 주도로 설명하고 있을 때가 있다."

문해력이 낮으면 학력 저하와 학습 격차가 일어날 수밖에 없다. 학생들이 글자를 읽을 수는 있지만, 글의 의미를 이해하지 못해 심지어 사회, 역사, 과학 같은 다른 교과의 교과서를 혼자 읽지 못한다. 문해력에 사진, 삽화, 만화, 유튜브, 영화 등 시각 매체가 책보다 효과적이라는 입장이 있는데 잘못된 판단이다. 수많은 문해력 연구자가 책과 시각 매체 간의 사고력 차이는 말과 글의 관계에서 발생한다고 한다. 글로써 정보를 읽고 이해하는 일은 인지적으로 수고스러운 작업이지만 주어지는 보상은 클 수밖에 없다고 했다. 독서능력은 문해력에 있어서 플랫폼의 역할을 한다고 한다. 내가 줄곧 문해력을 강조하는 이유이다.

수학을 잘하려면 문해력을 갖추어야 한다. 문해력을 기르는 데 여러 방법이 있지만 초등학교 아이들은 '독서'를 통해서 꼭 길러져야 한다. 문해력을 갖추는 시기가 초등학교

라면 수학을 시작하는 시기도 초등학교이다. 시중에 교재로 유아수학, 놀이수학, 수학동화 등의 형태로 초등학교 이전부터 수학 공부에 대해서 이야기하고 있지만, 정규과정의 교육도, 수학의 개념 설명이 가능한 발달단계상의 시기도 초등학교이다.

항상 시작은 습관을 형성하기 가장 좋은 시기이다. 수학 공부 습관을 만들기 딱 좋은 시기인 것이다. 잘 만들어진 습관은 아이와 부모에게 좋은 관계와 성적을 만들어 준다.

수학 공부습관을 잡는 최적의 시기는 초등학교 시기이다. 학교나 가정에서 모두 학습태도, 생활태도, 습관형성 등을 기르기 위해 노력하는 시기로, 이때 수학 공부 습관을 잡지 않으면 중·고등학교 때 긴 공부시간을 가지고 집중해야 할 시기에 어려움을 느끼고, 성적도 오르지 않는 등의 어려움을 겪을 수 있다. 초등학교 수학 공부 습관은 다음과 같은 방법으로 만들면 좋다.

첫째, 매일, 일정한 학습량을 정해서 한다. 규칙적으로 공부하는 것이 중요하다.

둘째, 천천히 포기하지 않고 생각하는 연습을 하는 공부를 한다. 생각하기 연습은 꾸준히 할수록 점점 더 쉬워지고, 깊어진다.

셋째, 한 문제라도 '왜'그런지 질문을 하는 공부를 한다. 질문을 통해 자신의 이해 수준을 점검할 수 있다.

넷째, 수학 공부에 대한 작은 성공을 많이 경험하는 공부를 한다. 작은 성공일지라도 성공 경험은 자기효능감을 증진시켜 수학을 좋아하게 된다.

다섯째, 수학 공부를 재미있게 한다. 습관 형성 초기에는 외적 보상 등의 방법과 부모님의 적극적인 피드백을, 이후에는 내적 보상인 성취감을 느낄 수 있도록 해야 한다.

초등학교 교육은 기초 기본 교육임을 앞서 말했다. 초등수학도 상급학교의 기초 기본이 된다. 2015 개정 초등학교 수학과 교육과정에서 초등수학의 성격을 알아보면 좋을 것 같다. 초등학교와 중학교에서 학습한 수학은 고등학교 수학 학습의 토대가 되고, 자연 과학, 공학, 의학뿐만 아니라 경제·경영학을 포함한 사회 과학, 인문학, 예술 및 체육 분야를 학습하는데 기초가 되며, 나아가 창의적 역량을 갖춘 융합 인재로 성장할 수 있는 기반을 제공한다. 이를 위해 초등수학은 수학의 지식을 이해하고 기능을 습득하는 것과 더불어 문제 해결, 추론, 창의·융합, 의사소통, 정보 처리, 태도 및 실천의 6가지 수학 교과 역량을 가질 수 있도록 해주는 중요한 과목이다.

초등수학은 한 마디로 앞으로 할 모든 공부의 기초이고, 미래 사회 인재의 성장기반이라는 것이다. 그래서 중요하며, 우리 아이들이 초등학교부터 수학을 포기하게 된다면 미래 사회를 이끌 인재를 길러내지 못한다는 것을 뜻한다. 지금의 시대가 수학에게 요구하는 것은 단지 지식뿐만이 아니라는 것이다. 그래서 초등수학은 중요하다. 중요한 만큼 공부습관도 중요하다. 단지 수학 점수만을 잘 받기 위해 수학 공부 습관을 만들어야 되는 것이 아니다.

인류는 지식을 다음 세대에 전하게 될 수 있게 되면서 비약적인 발전을 해왔다. 초등학교 시기의 제대로 된 교육은 우리 미래 세대의 찬란한 문명 발달을 기대할 수 있다. 찬란한 문명의 발달 그 근간은 수학이고 그 수학을 잘할 수 있도록 도와야 한다. 우리 아이들이 수학을 잘하게 되는 것이 앞으로의 또 다른 발전을 이끌어낼 수 있는 것이다.

우리 아이들의 수학 공부 습관은 초등학교부터임을 알아

야 한다. 초등학교부터 문해력를 기르는 데서 출발하고, 아이들의 학습태도, 생활태도, 습관형성을 시작하는 시기도 초등학교에서부터 시작이므로 적극적으로 좋은 습관을 길러줘야 한다.

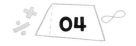

칭찬은 내 아이 수학 성적도 올린다

　성취감은 수학과 뗄 수 없는 관계이다. 수학에서 맛본 성취감은 수학을 하게 하는 원동력이고, 성취감은 수학 공부의 목적 중 하나이다. 2022년 6월 2일 자 〈정신의학신문〉의 칼럼 '성취하는 사람들의 특징'에서 성취감의 장점을 다음과 같이 이야기하고 있다.

　　"성취감이란 일상생활을 구성하는 다양한 활동들로부터 기쁨을 느끼고 긍정적인 자아개념을 형성해 자신이 가치 있는 사람이라고 여기는 낙천적인 감정과 태도를 말한다. 사실 성취감은 많은 심리학자가 강조하는 행복한 삶의 요소 중 하나이다. 좀 더 나은 삶을 위해 인간이 반드시 이루고자 하는 욕구이며, 이 욕구를 통해 건강한 사람으로 성장하고, 삶의 만족도를 높여 행복한 삶을 살게 된다."

수학 공부를 통한 뿌듯함 또는 성취감은 수학 문제를 풀면서 어렵게 해답을 찾았을 때 느끼는 감정이다. 이 감정은 포기하지 않고 수학을 꾸준하게 하도록 만드는 원동력이다. 이 성취감은 인간이 반드시 이루고자 하는 욕구로 우리 아이들도 누구나 성취감을 느끼고 싶은 욕구를 가지고 있다. 성취감은 수학 공부를 할 때 가장 많이 느낄 수 있다.

수학 공부를 하면서 맛본 성취감은 공부 과정에서 찾아오는 어려움이나 문제가 잘 풀리지 않을 때 포기하지 않고 끝까지 해내고자 하는 원동력으로 작용한다. 이때 느낀 성취감은 아이들의 삶의 만족도를 높여 행복한 감정도 느끼게 해준다.

그럼 '성취'는 어떻게 이룰 수 있을까? 미국 펜실베이니아대학교 심리학 교수인 앤젤라 더크워스의 〈그릿〉에서 성취를 끌어내는 데 결정적인 역할을 하는 것이 근성이나 투지, 용기로 표현되는 '그릿'이라고 한다. 이것은 장기 목표를 위한 인내와 열정이다. 재능보다 노력이 더 중요하다고 했다. 단거리 달리기가 아니라 마라톤처럼 끈기 있게 목표를 달성하는 능력이다. 수년이 걸리더라도 일을 끝까지 해내는 힘이며, 이 끈기를 유지하는 능력은 성취감을 발달시킨다. 성취감에 대한 경험은 새로운 도전에 직면했을 때 회피하지 않는 자신감을 주고, 지난 성취감을 회상하며 동기부여를 하는 선순환을 만든다.

수학 공부를 하면서 아이들이 그릿(근성, 투지, 용기)을 가지고 성취를 이루어 내고 성취감을 맛보도록 도와야 한다. 초등학교부터 시작되는 공부는 장기 레이스이다. 끈기 있게 자신의 목표를 달성하는 능력(그릿)을 길러주고, 그 그릿에 의한 성취감을 맛본다면 아이들은 끊임없이 도전해 나갈 것이다. 이화여대 심리학과 양수진 교수팀이 한국형 그릿 척도를 타당화 시킨 20가지 문항들이 있다. 관심 있는 사람들은 한국형 그릿 척도를 이용하여 그릿 정도를 살펴볼 수도 있다.

아이들은 쉬는 시간만 되면 선생님 주변을 서성인다. 특별한 이유도 없다. 그러다 사소한 칭찬이라도 받으면 즐겁게 다른 곳으로 가서 논다. 아이들은 이렇게 사랑받고 칭찬받기를 원한다. 수학 시간에는 더욱더 그러하다. 가끔 수학 개념을 정확하게 이해하고 있거나 풀이과정이 창의적이거나 자신의 언어로 수학 개념을 잘 설명할 때 많은 칭찬을 해준다. 그러면 여러 아이들이 계속 손을 들고 발표를 한다. 발표내용은 앞의 아이와 별반 차이가 없거나 오히려 질문에 살짝 벗어난 답을 하는 아이도 있지만 끝까지 듣고 아낌없이 칭찬해 준다. 왜냐하면 칭찬이 고픈 아이들이라는 것을 알기 때문이고, 수학에서 칭찬은 아이들의 자신감을 올리는 방법이다.

2021년 9월 13일 자 〈에듀진〉의 '기대감 · 칭찬으로 공부 결과 수직상승!' 기사에서 칭찬이 공부에 미치는 긍정적 효과를 설명하고 있다.

> "학생들에게 그들에 맞는 기대를 하고 잘할 수 있다는 믿음을 준다면 그 학생들은 그것에 맞는 노력을 한다는 것이다. 로젠탈 효과(Rosenthal Effect)란 긍정적 기대감이 좋은 결과를 만들어 낸다는 심리학적 용어이다. 이러한 로젠탈 효과는 피그말리온 효과와는 근본적으로 다르다…(중략) … 즉, 피그말리온 효과는 간절한 기대감에서 출발해 본인의 노력으로 인한 좋은 결과를 말한다. 그러

나 로젠탈 효과는 제3자의 긍정적 기대감과 관심이 본인을 변화시킨다는 점에서 사뭇 다르다."

　공부를 잘하기 위해 아이들 스스로 많은 노력을 하고 있다. 그러나 아이들 스스로의 노력뿐만 아니라 다른 사람의 칭찬에 의해 잘할 수도 있다. 아이들은 학교나 가정에서 칭찬을 받기 위해 엄청난 노력을 하고 있다. 수학 공부를 할 때도 마찬가지이다. 그래서 적극적으로 칭찬해 주어야 한다. 그러나 아이들에게 득이 되는 좋은 칭찬이 이루어질 때 학습 결과의 상승이 이루어진다.

　좋은 칭찬은 결과보다는 과정을, 똑똑한 머리보다는 노력을 칭찬해야 한다. 그리고 생활의 모든 면에서 사소한 것에 대해서도 칭찬을 하면 아이는 자신에 대한 기대감을 키워 훨씬 더 큰 성과를 이루어낼 수 있다. 공부에 있어서 제3자의 기대감과 칭찬은 아이들의 미래를 긍정적인 방향으로 이끌어 준다. 수학에 대해서 심리적 부담이 있는 아이들에게 수학 공부에 대한 칭찬은 아무리 많이 해도 지나치지 않다. 수학 시간에 아이들에게 칭찬을 해주고 좋아하는 모습을 볼 때마다 뿌듯함을 느낀다. 칭찬할 때 구체적으로 잘하는 점을 칭찬하면 그 아이는 항상 구체적으로 칭찬해 준 부분에 대해서 스스로 잘한다고 생각하고, 항상 자신 있게 발표까지 한다.

또, 매일 수학을 할 때 수학신, 수학왕, 수학박사라고 적는 이유 중 하나는 아이들이 자신은 수학을 잘하는 사람이라고 스스로 믿게 하고 싶은 것도 있다. 수학 공부를 하는 아이에게 칭찬으로 플라시보 효과를 주고 싶었다. 플라시보 효과란 실제로 아무 효과가 없는 것인데도, 사람의 신념(마음가짐)에 의해 효과를 나타낸다는 것으로, 일종의 자기 충족적 예언이다. 대표적인 예로 임상실험의 대조군에서 아무 효과도 없는 약(포도당 등)을 처방받아 먹었음에도 병세가 호전되는 사례를 들 수 있다. 하지만 이는 플라시보 효과의 정의는 아니며, 한 사례에 불과하다. 플라시보 효과는 의료 분야에서뿐만 아니라 더욱 포괄적인 범위에서 적용될 수 있다.

수학 공부를 할 때 아주 사소한 것, 구체적인 것에 대해 잘한다고 칭찬을 해주면 아이들은 그것을 진짜 잘한다고 생각한다. 자신이 수학을 잘한다는 믿음이 생기는 순간 수학을 대하는 태도가 달라지고, 성적이 달라지고, 마음가짐이 달라진다. 칭찬으로 수학의 플라시보 효과를 아이들이 경험하는 것이다.

칭찬을 싫어하는 사람은 없다. 칭찬을 싫어하는 아이들도 없다. 칭찬을 통해 우리 아이들의 수학 성적을 올릴 수 있다. 수학 공부를 할 때 칭찬을 하면 아이들은 성취감을 가질 수 있다. 또 아이들 수준에 맞는 기대를 하고, 잘하고 있다는 믿음을 보여주면 아이들은 그것에 맞는 노력을 한다. 수학 공부에서 로젠탈 효과를 만들어 낼 수 있다. 그리고 수학의 사소한 부분이라도 잘한다는 믿음을 주면 아이들은 더 큰 성과를 거둔다. 수학의 플라시보 효과를 경험하도록 하는 것이다. 아이 스스로 수학 공부를 열심히 하도록 하게 하는 것이다. 그리고 칭찬을 통해 공부를 지속하는 힘을 가질 수 있도록 칭찬을 열심히 해주면 좋겠다.

초등수학, 혼공의 시간이 필요해

　요즘 아이들은 혼자서 공부하는 경험이 드물다. 그러나 아이들은 사교육을 통해 혼자 문제 푸는 시간을 혼자서 공부하는 시간으로 생각하고 있다. 공부방, 학원, 인터넷 강의, 과외 등을 통해 모두 누군가의 도움을 받고 있으나 특히, 인터넷 강의를 혼자 공부하는 것으로 제일 많이 착각하고 있다. 그것은 혼자서 공부하는 것이 아니라 누군가가 설명하는 것을 듣는 공부를 하고 있을 뿐이다.

　수학은 혼자 공부하는 시간이 필요하다. 수학은 사회, 과학 같은 지식 과목과 다르게 아이 스스로가 개념을 구성하고 이해하면서 익혀가는 이해 과목이다. 기본 개념을 바탕으로 자기 스스로 생각하면서 이해하고 체계화해야 한다. 혼자 공부하는 시간을 통해 수학 개념의 자기화, 내재화가 이루어져야 한다. 2018년 2월 12일 자 〈조선에듀〉에 "성적 올리는 비결이 뭐냐고요? 공부는 '혼자'해야 성공합니다"라는 내용을 보도했다. 이 내용은 〈혼자하는 공부의 정석〉의 저자 한재우씨의 인터뷰 기사로 혼자하는 공부의 필요성을 이야기하고 있다.

> 저자는 공부법을 물어오는 사람에게 늘 "공부는 혼자 해야 잘할 수 있다"고 답한다. 공부를 '항아리에 물 붓기'에 비유하며 혼공의 필요성을 설명했다. "항아리 바닥에 구멍이 있다면 아무리 물을 부어도 쌓이지 않아요. 구멍 난 부분 즉, 자신이 모르거나 부족한 부분을 찾아서 메워야 공부가 되는 거예요. 그런데 이 과정은 누구도 대신해 줄 수가 없어요. 오로지 혼자서만 가능한 일입니다. 학원에 다니지 말라거나, 과외를 받지 말라는 얘기가 아니에요. 학원·과외를 '혼공'보다 중시해선 안 된다는 겁니다. 꼭 필요할 땐 학원·과외·스터디의 도움을 받되, 혼자 공부하는 시간을 최대한 확보해야 해요."

똑같은 수업시간에 똑같은 설명을 들어도 각각의 아이들의 출발점, 선수 학습력, 이해 정도가 다르다. 이렇게 각각의 이유로 생긴 학습결손은 아이들이 혼자 공부하는 시간을 통해서 보충해야 한다. 아이들 스스로 혼자서 보충하는 시간이 없으면 학습결손이 생긴 상태에서 또 다른 학습결손을 누적시키는 결과를 가져오게 할 수 있다. 그래서 반드시 아이 혼자서 자신의 이해 내용을 점검하고 부족한 부분은 메꿔야 한다.

　　이때 이런 생각을 할 수 있을 것이다. 아이가 모르니까 사교육의 도움을 받아야 되지 않을까? 앞서도 설명했지만 지식의 체화는 본인만이, 혼자서, 연습의 시간을 가져야 가능하다. 앞서 예로 든 자전거 타기처럼 자전거를 잘 탈 수 있게 되려면 주변의 도움보다 본인의 연습과 노력이 필요하다. 수학 공부도 마찬가지이다. 수학 공부의 자기화와 내재화는 아이 스스로 혼자 공부하는 시간을 가지고 연습해야 한다. 혼자서 공부할 시간이란 결국 스스로 사고할 시간이 필요하다는 이야기이다.

　　한때 수업을 교사 주도로 할 때가 있었다. 이때는 교사의 많은 설명이 필요했기 때문에 질문을 하지만, 아이들의 답을 기다리기보다 교사의 설명이 먼저였다. 그러나 지금은 아이들이 먼저 답을 말하는 경우가 대부분이다. 그래서 아이들이 답을 찾는 시간을 더 많이 확보해서 주고 있다. 이렇게 답을 찾는 시간이 사고력의 시간이다. 사고력교육 전문가 박주봉 저자의 〈공부 자립〉에서는 스스로 사고하는 아이로 키우는 알파세대 교육법을 제시하면서 사고력의 중요성을 강조하고 있다.

먼저 2025년 고교학점제가 전면 도입됨으로 교육에 많은 변화가 있을 것임을 전하며 지나친 선행학습, 풀이법까지 외워버리는 수학, 기출 문제 양치기 등이 우리 아이들의 미래를 보장해 주지 않을 것이다. 또한, 고교학점제로 인해 대폭 확대될 학습 범위를 일일이 살펴보지 않아도 스스로 사고할 줄 아는 아이라면 어떤 문제든 이해하고 풀어낼 수 있다. 주도적으로 사고할 줄 아는 아이들, 무조건 암기와 떠먹여 주는 교육에서 졸업한 아이들은 '공부 자립'에 성공했다고 말한다.

초등학교 시기야말로 공부 자립의 힘을 기를 수 있는 골든 타임이다. 이 시기를 놓치면 아이의 학업 역량은 더 발전하지 못하고 굳어질 가능성이 크기 때문이다. 즉, 저자는 초등 시기를 '스스로 사고할 줄 아는', '주도적으로 사고할 줄 아는' 공부 자립으로 만들라고 했다. 저자가 말하는 '공부 자립'은 '사고력'을 키우라는 것이다. 그럼 초등학교 아이들은 초등학교 시절을 어떻게 보내야 할까? 저자는 사고력, 독해력, 수학적 사고, 시각화의 역량을 키워주면 된다고 한다.

수학을 잘하게 되려면 혼자만의 공부시간을 가져 사고력을 키우면 된다고 했다. 그런데 사고력이라는 게 한 번 생각했다고 커지는 게 아니다. 생각을 계속할 수 있는 지속적인 노력이 필요하다. 생각을 지속적으로 할 수 있는 방법이 생각하는 것을 습관화하는 것이다. 수학 공부를 하면서 생각하는 것을 습관화하면 좋다고 했다. 그러면 '생각하는 것 습관화'를 어떻게 만들 수 있을까? 제임스 클리어의 〈아주 작은 습관의 힘〉을 통해 수학 공부할 때 꼭 필요한 습관인 '생각하는 것 습관화'를 만드는 유용한 방법을 알아보면 좋을 것 같다.

첫째, 작은 생각부터 시작하기: 자신의 수학 목표를 정하고 사소한 생각을 실행하는 경험을 한다.

둘째, 현재 수학 공부 습관 파악하기: 만들고 싶은 수학 공부 습관을 구체적으로 적는다.

셋째, 수학 공부 습관 재미있게 만들기: 내가 해야 할 습관과 하고 싶은 일을 묶는다.

넷째, 수학 공부 습관을 만족스럽게 하기: 습관 실행 후 만족을 느낄 수 있는 결과로 시각화하여 반복할 수 있는 동기를 만든다.

수학 공부할 때 생각하는 것을 잘게 쪼개어서 하면 습관화하기가 수월하다. 특히, 초등학교 아이들의 경우 습관화의 적기이지만, 집중하는 시간이 짧음으로 생각하는 시간이 짧을 수 있다. 조금씩 생각하는 시간을 늘려 깊이 있는 사고가 되도록 해야 한다. 수학 공부를 잘하기 위해서는 혼자 공부하는 시간이 필요하다. 혼자 공부하는 시간은 배운 개념을 자기화, 내재화하기 위함이고, 부족한 부분을 보충하기 위한 시간이기도 하다. 또, 사고력을 키우는 노력이 필요하다. 사고력은 스스로 생각하고, 주도적으로 생각하는 것을 뜻한다. 수학 공부에서의 사고력은 공부 자립을 위해서 반드시 필요한 요소로서 초등학교 시기가 골든 타임이다.

　마지막으로 생각하는 것을 습관화할 필요가 있다. 혼자 공부하는 시간이 필요한 것, 사고력도 생각하는 것과 관련 있다. 수학 공부를 하면서 생각하는 것을 한두 번 한다고 생각의 힘이 커지지는 않는다. 꾸준하고 지속적으로 이루어져야 생각의 힘이 커질 수 있기 때문에 생각하기를 습관화해야 한다. 생각하는 것 습관화는 초등학교 아이들의 발달을 고려하여 잘게 쪼개어서 습관화가 이루어질 수 있도록 해야 성공을 거둘 수 있다.

기본으로 시작해야 멀리 갈 수 있다

훈민정음으로 만든 〈용비어천가〉 제2장에 나오는 내용이다. 우리가 항상 기초 기본을 말할 때 자주 이용하는 문구로 수학 공부를 하는 데 있어서 의미를 되새기면 좋을 것 같다.

"뿌리 깊은 나무는 바람에도 흔들리지 않기에,
그 꽃이 아름답고 그 열매 성하도다.
샘이 깊은 물은 마르지 않기에,
흘러서 내가 되어 바다에 이르는도다."

초등학교부터 교육이 시작된다고 했다. 시작한다는 것

은 기초 기본을 만든다는 것이다. 기초 기본이 튼튼해야 높이 쌓을 수 있고, 어려움에도 흔들릴 수는 있지만 뽑히지 않는다. 초·중등 교육법 제38조(목적)에 있는 초등학교의 교육목적은 '초등학교는 국민 생활에 필요한 기초적인 초등교육을 하는 것을 목적으로 한다'라고 나와 있다. '기초적인 교육'은 전문교육이나 직업교육을 목적으로 하는 단계가 아니라 학생의 전인적 성장과 삶의 일반적인 능력을 형성하는 데 중점을 두고 있다는 것이다. 학생 개개인의 개인적, 사회적 삶에 필요한 보편적 능력을 강조하고 있다.

초등 교육의 목적은 초등 수학교육에서도 이루어져야 된다. 초등 수학교육의 목적은 아이들 각자의 개인적, 사회적 삶에 필요한 보편적 능력을 형성하는 데 있다. 여기서 말하는 수학적 보편적인 능력은 수학의 개념, 원리, 법칙을 이해하고 기능을 습득하는 능력, 수학적으로 추론하는 능력, 의사소통하는 능력, 생활 주변과 사회 및 자연 현상을 수학적으로 이해하는 능력, 문제를 합리적이고 창의적으로 해결하는 능력, 수학 학습자로서의 바람직한 태도와 실천 능력을 말한다. 이런 보편적인 능력이 길러질 때 초등 수학교육의 목표를 달성했다고 할 수 있다. 이 능력을 바탕으로

초등공부 수학문해력 하나로 끝난다

중·고등 수학의 목적을 달성하고, 발전하여 개인적인 삶의 목적을 이루고, 사회 발전에 기여할 수 있게 된다.

초등학교 교육은 학생의 일상생활과 학습에 필요한 기본 습관 및 기초 능력을 기르고 바른 인성을 함양하는 데에 중점을 둔다. 학습에 필요한 기본 습관 및 기초능력은 무엇을 말할까? 나는 기본 습관으로는 매일 하는 습관, 생각하는 습관, 질문하는 습관이고, 기초능력은 언어능력, 메타인지, 자기주도학습이라고 생각한다. 신영환 저자의 〈공부 잘하는 아이는 이런 습관이 있습니다〉에서 공부습관의 중요성을 이야기한다.

'탁월함이 아니라 꾸준함이 승리한다!' 성공하는 사람들에게는 끝까지 하게 만드는 반복의 힘이 있다. 내신과 수능 1등급 우등생들의 공부 방법을 면밀하게 인터뷰하고 공통적인 부분을 발견했다. 그것은 바로 그들만의 공부 루틴이 있다는 점이었다. 즉, '공부 습관'이 잘 형성되어 있었다. 비록 처음에는 부족했지만, 꾸준하고 의식적인 반복 행동을 통해 습관을 만들고, 나중에는 무의식적이고 자동 반사적으로 스스로 공부하고 있는 모습을 보였다. 공부 습관을 조금씩 만들어 가다 보니 자신도 모르게 공부하는 게 당연하고, 포기하지 않고 꾸준히 공부하게 되는 것이다.

공부는 장기적인 기간과 목표를 가지고 하는 마라톤과 같은 것이다. 습관을 만들지 않고 이랬다저랬다 하면 금방 지치고 나중에는 어떻게 시도해야 될지 몰라 포기하기에 이를지 모른다. 좋은 공부 습관은 만들기는 어렵지만, 만들기만 하면 공부를 수월하게 하고, 좋은 결과도 나타난다. 좋은 공부 습관은 매일 하는 것, 생각하는 것, '왜'라는 질문을 먼저하게 만드는 것이다. 운동을 잘하려면 기초체력이 있어야 한다. 공부도 잘하려면 기초능력이 있어야 한다. 운동의 기초체력이 근력, 지구력, 유연성이라면, 공부의 기초능력은 언어능력(문해력), 메타인지, 자기주도학습이라고 생각한다.

우리는 말과 글을 통해서 배운다. 그래서 공부를 할 때는 언어능력이 반드시 갖추어져 있어야 한다. 여기서 말하는 언어능력은 어휘력을 포함한 문해력을 말한다. 문해력은 독서를 통해서만 길러진다. 공부는 책을 읽거나 다른 사람의 이야기를 듣고 생각하면서 지식과 문제 해결력을 익혀가는 과정이다. 독서도 글을 읽으면서 생각하고 요약정리하여 구조화하고 저자와 소통하는 과정이다. 즉, 생각하고 질문하고 답하는 과정이기 때문에 공부를 할 때 가장 필요한 능력이다.

공부는 자신이 모르는 것을 알아가는 것이다. 메타인지는 자신을 정확하게 파악할 수 있는 능력이다. 자신이 아는 것은 무엇이고, 모르는 것은 무엇인지 알아서 자신이 모르는 것을 채워가는 것이다. 메타인지는 공부를 할 때 가장 중요한 능력으로 자신을 객관적으로 파악하게 해주는 능력이다. 메타인지를 키우기 위해서는 수시로 자신의 강점과 약점, 힘든 점과 좋은 점을 찾아보고 약점과 힘든 점을 보충해 나가는 것이다. 미래 사회를 준비하는데 가장 중요한 요인이고, 공부를 할 때 자기화시킨 자신만의 공부법을 찾아낼 수 있게 해준다.

부모님들은 아이들에게 '공부하라'는 말을 하면서 '공부는 니가(아이들 자신) 하는 것이다'라는 말을 항상 같이 한다. 공부는 아이가 하는 것이다. 아이가 스스로 공부하게 하는 능력이 자기주도학습인 것이다.

자기주도학습이란 학생이 주체가 되어 스스로 학습 과

정을 이끌어 나가는 학습 활동이다. 즉, '계획 → 실천 →
평가 → (다음 학습에) 반영' 하는 모든 과정을 의미한다. 언
제, 어떤 공부를, 어떤 방법으로, 왜 할 것인지를 스스로 결
정한다. 실천 후 자신의 공부를 되돌아보고 다음 공부에 반
영하는 과정까지 포함한다. 자기주도학습은 어른들의 성공
원칙과 원리가 같은 것으로 자기주도는 '셀프 리더십'과 같
은 맥락이다. 셀프 리더십은 재능, 감정, 시간, 인간관계 등
모든 자원을 활용하여 원하는 성과를 내기 위해 스스로에
게 영향력을 미치는 것을 말한다.

　공부의 기본은 습관과 기초능력이고, 공부의 기본이 갖
추어진다면 어떤 과목을 공부 하던지 자신감을 가지고 즐
겁게 할 수 있다. 매일 하는, 생각하는, 질문하는 습관과 문
해력, 메타인지, 자기주도력의 기초능력을 갖추도록 노력
해야 한다.

　위에서 초등학교 교육의 기본을 알고 그것을 갖추어야
된다고 했고, 공부의 기본도 알고 갖추어야 된다고 했다.
이것을 말한 이유가 결국 수학을 잘하고 싶어서이다. 인공
지능 시대에 살아갈 우리 아이들에게 디지털 리터러시는
수학과 연결되어 있다. 그래서 우리 아이들은 수학 공부를

반드시 해야 한다. 반드시 해야 한다면 즐겁게 해야 하고 잘하면 더 좋은 것이다. 수학 공부의 기본을 다지는 방법을 안다면 좀 더 아이들이 수월하게 공부할 수 있을 것이다.

첫째, 지금 배우고 있는 단원의 기초를 먼저 익힌다.

둘째, 개념, 정리, 공식을 이해한다. 이해가 안 되면 교과서를 10번 읽는다.

셋째, 교과서의 예제를 푼다. 개념을 생각하면서 푼다.

넷째, 천천히, 정확하게 문제를 푼다. 잘 모르는 부분이 나오면 개념을 다시 읽고 푼다.

다섯째, 수업 시간에 집중하고 모르는 것은 선생님과 친구의 도움을 받아 꼭 이해한다.

여섯째, 수학 익힘책의 문제를 완벽하게 푼다. 이해가 안 된 문제와 틀린 문제가 있다면 반복해서 푼다.

초등학교는 기초 기본을 만드는 교육이다. 기본으로 시작해야 멀리 갈 수 있고, 뿌리째 뽑히지 않는다. 교육과정의 목적처럼 공부의 기초 기본을 만들기 위해 노력해야 한다. 공부의 기초 기본은 습관과 기초능력을 기르는 데 있다. 매일 하고, 생각하고, 질문하는 습관과 문해력, 메타인지, 자기주도력의 기초능력을 기른다면 공부의 기초는 마련된 것이다. 공부의 기초가 마련된 바탕 위에서 수학을 한다면 즐겁고 어렵지 않게 잘할 수 있을 것이다. 수학은 미래 사회에 디지털 리터러시의 기초이다.

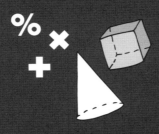

부록

2022 개정교육과정
수학 내용체계표(전체 학년) 및
학년군별 성취수준표(1~2학년군)

1. 초등수학 내용체계

(1) 수와 연산

(출처: 국가교육과정정보센터)

핵심 아이디어	• 사물의 양은 자연수, 분수, 소수 등으로 표현되며, 수는 자연수에서 정수, 유리수, 실수로 확장된다. • 사칙계산은 자연수에 대해 정의되며 정수, 유리수, 실수의 사칙계산으로 확장되고 이때 연산의 성질이 일관되게 성립한다. • 수와 사칙계산은 수학 학습의 기본이 되며, 실생활 문제를 포함한 다양한 문제를 해결하는 데 유용하게 활용된다.					

구분 범주	내용 요소					
	초등학교			중학교		
	1~2학년	3~4학년	5~6학년	1~3학년		
지식·이해	• 네 자리 이하의 수 • 두 자리 수 범위의 덧셈과 뺄셈 • 한 자리 수의 곱셈	• 다섯 자리 이상의 수 • 분수 • 소수 • 세 자리 수의 덧셈과 뺄셈 • 자연수의 곱셈과 나눗셈 • 분모가 같은 분수의 덧셈과 뺄셈 • 소수의 덧셈과 뺄셈	• 약수와 배수 • 수의 범위와 올림, 버림, 반올림 • 자연수의 혼합 계산 • 분모가 다른 분수의 덧셈과 뺄셈 • 분수의 곱셈과 나눗셈 • 소수의 곱셈과 나눗셈	• 소인수분해 • 정수와 유리수	• 유리수와 순환소수	• 제곱근과 실수
과정·기능	• 자연수, 분수, 소수 등 수 관련 개념과 원리를 탐구하기 • 수를 세고 읽고 쓰기 • 자연수, 분수, 소수의 크기를 비교하고 그 방법을 설명하기 • 사칙계산의 의미와 계산 원리를 탐구하고 계산하기 • 수 감각과 연산 감각 기르기 • 연산 사이의 관계, 분수와 소수의 관계를 탐구하기 • 수의 범위와 올림, 버림, 반올림한 어림값을 실생활과 연결하기 • 자연수, 분수, 소수, 사칙계산을 실생활 및 타 교과와 연결하여 문제해결하기			• 최대공약수와 최소공배수 구하기 • 정수, 유리수, 실수의 대소 관계 판단하기 • 정수, 유리수, 근호를 포함한 식의 사칙계산의 원리를 탐구하고 계산하기 • 유리수와 순환소수의 관계 설명하기		
가치·태도	• 자연수, 분수, 소수의 필요성 인식 • 사칙계산, 어림의 유용성 인식 • 분수 표현의 편리함 인식 • 수와 연산 관련 문제해결에서 비판적으로 사고하는 태도			• 음수, 무리수의 필요성 인식 • 실생활에서 사칙계산의 유용성 인식 • 수 체계의 논리적 아름다움에 대한 관심 • 정수와 유리수의 사칙계산의 원리를 이용하는 문제의 풀이 과정과 결과를 반성하는 태도		

(2) 변화와 관계

핵심 아이디어	• 변화하는 현상에 반복적인 요소로 들어있는 규칙은 수나 식으로 표현될 수 있으며, 규칙을 탐구하는 것은 수학적으로 추측하고 일반화하는 데 기반이 된다. • 동치 관계, 대응 관계, 비례 관계 등은 여러 현상에 들어있는 대상들 사이의 다양한 관계를 기술하고 복잡한 문제를 해결하는 데 유용하게 활용된다. • 수와 그 계산은 문자와 식을 사용하여 일반화되며, 특정한 관계를 만족시키는 미지의 값은 방정식과 부등식을 해결하는 적절한 절차를 거쳐 구해진다. • 한 양이 변함에 따라 다른 양이 하나씩 정해지는 두 양 사이의 대응 관계를 나타내는 함수와 그 그래프는 변화하는 현상 속의 다양한 관계를 수학적으로 표현한다.

구분 범주	내용 요소					
	초등학교			중학교		
	1~2학년	3~4학년	5~6학년	1~3학년		

지식·이해	• 규칙	• 규칙
		• 동치 관계
			• 대응 관계
			• 비와 비율
			• 비례식과
			  비례배분
				• 문자의
				  사용과 식
				• 일차방정식
				• 좌표평면과
				  그래프
					• 식의 계산
					• 일차부등식
					• 연립일차방정식
					• 일차함수와 그 그래프
					• 일차함수와
					  일차방정식의 관계
						• 다항식의
						  곱셈과
						  인수분해
						• 이차방정식
						• 이차함수와 그
						  그래프

과정·기능	• 물체, 무늬, 수, 계산식의 배열에서 규칙을
	  탐구하기
	• 규칙을 찾아 여러 가지 방법으로 표현하기
	• 두 양의 관계를 탐구하고, 등호를 사용하여
	  나타내기
	• 대응 관계를 탐구하고, □, △ 등을 사용하여
	  식으로 나타내고 설명하기
	• 두 양의 관계를 비나 비율로 나타내기
	• 비율을 분수, 소수, 백분율로 나타내기
	• 비율을 실생활 및 타 교과와 연결하여
	  문제해결하기
	• 비례식을 풀고, 주어진 양을 비례배분하기
				• 식의 값과 함숫값 구하기
				• 다항식의 연산 원리에 따라 계산하기
				• 식을 간단히 하기
				• 등식의 성질과 부등식의 성질 설명하기
				• 방정식과 부등식 풀기
				• 방정식, 부등식, 함수와 관련된 문제해결하기
				• 상황이나 관계를 표, 식, 그래프로 나타내기
				• 주어진 그래프 해석하기
				• 일차함수의 그래프와 이차함수의 그래프의 성질 설명하기
				• 일차함수의 그래프와 미지수가 2개인 일차방정식의 해
				  사이의 관계 설명하기		

가치·태도	• 규칙, 동치 관계 탐구에 대한 흥미
	• 대응 관계, 비 표현의 편리함 인식
	• 비와 비율의 유용성 인식
	• 변화와 관계 관련 문제해결에서 비판적으로
	  사고하는 태도
				• 문자의 유용성 인식
				• 순서쌍과 좌표, 그래프 등 수학적 표현의 유용성과 편리함
				  인식
				• 방정식, 부등식, 함수의 필요성 인식
				• 실생활, 사회 및 자연 현상과 관련된 문제를 수학적
				  모델링을 통해 해결하려는 도전적인 태도
				• 체계적으로 사고하여 합리적으로 의사 결정하는 태도
				• 타당한 근거에 따라 논리적으로 설명하는 태도		

(3) 도형과 측정

핵심 아이디어	•평면도형과 입체도형은 여러 가지 모양을 범주화한 것이며, 각각의 평면도형과 입체도형은 고유한 성질을 갖는다. •도형의 성질과 관계를 탐구하고 정당화하는 것은 논리적이고 비판적으로 사고하는 데 기반이 된다. •측정은 여러 가지 속성의 양을 비교하고 속성에 따른 단위를 이용하여 양을 수치화함으로써 여러 가지 현상을 해석하거나 실생활 문제를 해결하는 데 활용된다.					

범주 \ 구분	내용 요소					
	초등학교			중학교		
	1~2학년	3~4학년	5~6학년	1~3학년		
지식·이해	•입체도형의 모양 •평면도형과 그 구성 요소 •양의 비교 •시각과 시간 (시, 분) •길이(cm, m)	•도형의 기초 •원의 구성 요소 •여러 가지 삼각형 •여러 가지 사각형 •다각형 •평면도형의 이동 •시각과 시간(초) •길이(mm, km) •들이(L, mL) •무게(kg, g, t) •각도($^\circ$)	•합동과 대칭 •직육면체와 정육면체 •각기둥과 각뿔 •원기둥, 원뿔, 구 •다각형의 둘레와 넓이 •원주율과 원의 넓이 •직육면체와 정육면체의 겉넓이와 부피	•기본 도형 •작도와 합동 •평면도형의 성질 •입체도형의 성질	•삼각형과 사각형의 성질 •도형의 닮음 •피타고라스 정리	•삼각비 •원의 성질
과정·기능	•여러 가지 사물과 도형을 기준에 따라 분류하기 •도형의 개념, 구성 요소, 성질 탐구하고 설명하기 •평면도형이나 입체도형 그리기와 만들기 •평면도형을 밀기, 뒤집기, 돌리기 한 모양을 추측하고 그리기 •쌓은 모양 추측하고 쌓기나무의 개수 구하기 •공간 감각 기르기 •여러 가지 양을 비교, 측정, 어림하는 방법 탐구하기 •측정 단위 사이의 관계 탐구하기 •측정 단위를 사용하여 양을 표현하기 •실생활 문제 상황에서 길이, 들이, 무게, 시간의 덧셈과 뺄셈하기 •도형의 둘레, 넓이, 부피 구하는 방법 탐구하기 •측정을 실생활 및 타 교과와 연결하여 문제해결하기			•점, 직선, 평면의 위치 관계를 다양한 상황과 연결하기 •도형의 성질 설명하기 •삼각형의 작도 과정 설명하기 •삼각형의 합동과 닮음 판별하기 •도형의 길이, 넓이, 겉넓이, 부피 구하기 •구체적인 모형이나 공학 도구 이용하기 •도형의 성질을 정당화하기 •닮음비 구하기 •간단한 삼각비의 값 구하기 •삼각비를 활용하여 문제해결하기		
가치·태도	•평면도형, 입체도형에 대한 흥미와 관심 •합동인 도형, 선대칭도형, 점대칭도형의 아름다움 인식 •표준 단위의 필요성 인식 •넓이와 부피를 구하는 방법의 편리함 인식 •도형과 측정 관련 문제해결에서 비판적으로 사고하는 태도			•증명의 필요성 인식 •피타고라스 정리, 삼각비의 유용성 인식 •피타고라스 정리, 삼각비에 대한 흥미와 관심 •도형의 성질을 이용한 건축물, 문화유산, 예술 작품에 대한 흥미와 관심 •다양한 정당화 방법을 이용하여 체계적으로 사고하고 타인을 합리적으로 설득하려는 태도 •정당화를 통해 수학적 근거를 바탕으로 비판적으로 사고하는 태도		

초등공부 수학문해력 하나로 끝난다

(4) 자료와 가능성

핵심 아이디어	•자료를 수집, 정리, 해석하는 통계는 자료의 특징을 파악하고 두 집단을 비교하며 자료의 관계를 탐구하는 데 활용된다. •사건이 일어날 가능성을 여러 가지 방법으로 표현하는 것은 불확실성을 이해하는 데 도움이 되며, 가능성을 확률로 수치화하면 불확실성을 수학적으로 다룰 수 있게 된다. •자료를 이용하여 통계적 문제해결 과정을 실천하고 생활 속의 가능성을 탐구하는 것은 미래를 예측하고 합리적인 의사 결정을 하는 데 기반이 된다.

범주 \ 구분	내용 요소			
	초등학교			중학교
	1~2학년	3~4학년	5~6학년	1~3학년
지식·이해	•자료의 분류 •표 •O, X, /를 이용한 그래프	•그림그래프 •막대그래프 •꺾은선그래프	•평균 •띠그래프, 원그래프 •가능성	•대푯값 •경우의 수와 확률 •산포도 •도수분포표와 •상자그림과 상대도수 산점도
과정·기능	•자료를 기준에 따라 분류하고 설명하기 •탐구 문제를 설정하고 그에 맞는 자료를 수집하기 •자료를 표나 그래프로 나타내고 해석하기 •자료의 평균을 구하고 해석하기 •자료를 수집하고 정리하여 문제해결하기 •사건이 일어날 가능성을 비교하고 표현하기 •실생활과 연결하여 사건이 일어날 가능성을 예상하기			•적절한 대푯값을 선택하여 구하기 •자료를 표, 그래프로 나타내고 해석하기 •통계적 탐구 문제 설정하기 •공학 도구를 이용하여 자료를 수집하고 분석하기 •확률의 기본 성질 탐구하기 •자료의 분포를 비교하고 설명하기 •자료의 상관관계 설명하기
가치·태도	•표와 그래프의 편리함 인식 •평균의 유용성 인식 •자료를 이용한 통계적 문제해결 과정의 가치 인식 •가능성에 근거하여 판단하는 태도 •자료와 가능성 관련 문제해결에서 비판적으로 사고하는 태도			•대푯값, 상대도수, 상자그림의 유용성 인식 •공학 도구를 이용한 자료 수집과 분석의 편리함과 유용성 인식 •자신의 삶과 연계된 확률과 통계에 대한 흥미와 관심 •통계적 문제해결 과정에 주도적으로 참여하는 태도 •체계적으로 사고하여 합리적으로 의사 결정하는 태도 •확률 및 통계적 근거를 바탕으로 비판적으로 사고하는 태도

2. 초등학교 수학 성취수준

가. [초등학교 1~2학년]군

(1) 수와 연산 영역

---
1 네 자리 이하의 수

[2수01-01] 수의 필요성을 인식하면서 0과 100까지의 수 개념을 이해하고, 수를 세고 읽고 쓸 수 있다.

[2수01-02] 일, 십, 백, 천의 자릿값과 위치적 기수법을 이해하고, 네 자리 이하의 수를 읽고 쓸 수 있다.

[2수01-03] 네 자리 이하의 수의 범위에서 수의 계열을 이해하고, 수의 크기를 비교할 수 있다.

[2수01-04] 하나의 수를 두 수로 분해하고 두 수를 하나의 수로 합성하는 활동을 통하여 수 감각을 기른다.

2 두 자리 수 범위의 덧셈과 뺄셈

[2수01-05] 덧셈과 뺄셈이 이루어지는 실생활 상황과 연결하여 덧셈과 뺄셈의 의미를 이해한다.

[2수01-06] 두 자리 수의 범위에서 덧셈과 뺄셈의 계산 원리를 이해하고 그 계산을 할 수 있다.

[2수01-07] 덧셈과 뺄셈의 관계를 이해한다.

[2수01-08] 두 자리 수의 범위에서 세 수의 덧셈과 뺄셈을 할 수 있다.

[2수01-09] □가 사용된 덧셈식과 뺄셈식을 만들고, □의 값을 구할 수 있다.

3 한 자리 수의 곱셈

[2수01-10] 곱셈이 이루어지는 실생활 상황과 연결하여 곱셈의 의미를 이해한다.

[2수01-11] 곱셈구구를 이해하고, 한 자리 수의 곱셈을 할 수 있다.

---

(2) 변화와 관계 영역

---
1 규칙 찾기

[2수02-01] 물체, 무늬, 수 등의 배열에서 규칙을 찾아 여러 가지 방법으로 표현할 수 있다.

[2수02-02] 자신이 정한 규칙에 따라 물체, 무늬, 수 등을 배열할 수 있다.

---

(3) 도형과 측정 영역

---
1 입체도형의 모양

[2수03-01] 교실 및 생활 주변에서 여러 가지 물건을 관찰하여 직육면체, 원기둥, 구의 모양을 찾고, 이를 이용하여 여러 가지 모양을 만들 수 있다.

[2수03-02] 쌓기나무를 이용하여 여러 가지 입체도형의 모양을 만들고, 그 모양에 대해 위치나 방향을 이용하여 말할 수 있다.

초등공부 수학문해력 하나로 끝난다

② 평면도형과 그 구성 요소

[2수03-03] 교실 및 생활 주변에서 여러 가지 물건을 관찰하여 삼각형, 사각형, 원의 모양을 찾고, 이를 이용하여 여러 가지 모양을 만들 수 있다.

[2수03-04] 삼각형, 사각형, 원을 직관적으로 이해하고, 그 모양을 그릴 수 있다.

[2수03-05] 삼각형, 사각형에서 각각의 공통점을 찾아 말할 수 있다.

③ 양의 비교

[2수03-06] 구체물의 길이, 들이, 무게, 넓이를 비교하여 각각 '길다, 짧다', '많다, 적다', '무겁다, 가볍다', '넓다, 좁다' 등을 구별하여 말할 수 있다.

④ 시각과 시간

[2수03-07] 시계를 보고 시각을 '몇 시 몇 분'까지 읽을 수 있다.

[2수03-08] 1시간과 1분의 관계를 이해하고, 시간을 '시간', '분'으로 표현할 수 있다.

[2수03-09] 실생활 문제 상황과 연결하여 1분, 1시간, 1일, 1주일, 1개월, 1년 사이의 관계를 이해한다.

⑤ 길이

[2수03-10] 길이 단위 1cm와 1m를 알고, 이를 이용하여 주변 사물의 길이를 측정할 수 있다.

[2수03-11] 1m와 1cm의 관계를 이해하고, 길이를 '몇 m 몇 cm'와 '몇 cm'로 표현할 수 있다.

[2수03-12] 여러 가지 물건의 길이를 어림하고, 길이에 대한 양감을 기른다.

[2수03-13] 실생활 문제 상황과 연결하여 길이의 덧셈과 뺄셈을 할 수 있다.

(4) 자료와 가능성 영역

① 자료의 정리

[2수04-01] 여러 가지 사물을 정해진 기준 또는 자신이 정한 기준으로 분류하여 개수를 세어 보고, 기준에 따른 결과를 말할 수 있다.

[2수04-02] 자료를 분류하여 표로 나타내고, 자료를 표로 나타내면 편리한 점을 말할 수 있다.

[2수04-03] 자료를 분류하여 ○, ×, / 등을 이용한 그래프로 나타내고, 자료를 그래프로 나타내면 편리한 점을 말할 수 있다.

(4) 자료와 가능성 영역

① 자료의 정리

[2수04-01] 여러 가지 사물을 정해진 기준 또는 자신이 정한 기준으로 분류하여 개수를 세어 보고, 기준에 따른 결과를 말할 수 있다.

[2수04-02] 자료를 분류하여 표로 나타내고, 자료를 표로 나타내면 편리한 점을 말할 수 있다.

[2수04-03] 자료를 분류하여 ○, ×, / 등을 이용한 그래프로 나타내고, 자료를 그래프로 나타내면 편리한 점을 말할 수 있다.

초등공부 수학문해력 하나로 끝난다

초판 1쇄 펴낸날 2024년 3월 30일 ‖ 초판 2쇄 펴낸날 2024년 4월 20일
지은이 김은정 ‖ 펴낸이 정혜옥
표지디자인 twoesdesign.com ‖ 본문디자인 이지숙 ‖ 홍보마케팅 최문섭 ‖ 편집 연유나 이은정
펴낸곳 굿인포메이션(스쿨존, 스쿨존에듀) ‖ 출판등록 1999년 9월 1일 제 1-2411호
사무실 04779 서울시 성동구 뚝섬로 1나길 5(헤이그라운드) 7층
전화 02)929-8153 ‖ 팩스 02)929~8164 ‖ E-mail goodinfobooks@naver.com
ISBN 97911-91995-14-5 03370

■ 잘못된 책은 본사나 구입하신 서점에서 바꾸어 드립니다.

굿인포메이션(스쿨존, 스쿨존에듀)은 당신의 소중한 투고 원고를 기다립니다. 책 출간에 대한
기획이나 원고가 있으신 분은 이메일 goodinfobooks@naver.com으로 보내주세요.